KB191152

원샷 원킬 업무력

원샷 원킬 업무력

1판 1쇄 인쇄 2025. 4. 3.
1판 1쇄 발행 2025. 4. 10.

지은이 최희진

발행인 박강휘
편집 심성미, 황정원 | 디자인 윤석진 | 마케팅 이헌영 | 홍보 이한솔
발행처 김영사
등록 1979년 5월 17일(제406-2003-036호)
주소 경기도 파주시 문발로 197(문발동) 우편번호 10881
전화 마케팅부 031)955-3100, 편집부 031)955-3200 | 팩스 031)955-3111

값은 뒤표지에 있습니다.
ISBN 979-11-7332-168-9 03320

홈페이지 www.gimmyoung.com   블로그 blog.naver.com/gybook
인스타그램 instagram.com/gimmyoung 이메일 bestbook@gimmyoung.com

좋은 독자가 좋은 책을 만듭니다.
김영사는 독자 여러분의 의견에 항상 귀 기울이고 있습니다.

원샷 원킬 업무력

마케터 최희진의 노력을 실력으로 바꾸는 최강 업무력의 비밀

최희진 지음

김영사

차례

누구나 실천할 수 있는 방법을 담다

"스승님, 마케팅인지 전략인지 데이터인지 잘 모르 겠는데 저 좀 가르쳐주세요. 가르쳐만 주시면 열심히 배울게요." "일에 관한 유명한 책들 다 읽어봤는데 하나하나 뽑아서 취합하 면 스승님이 알려주신 내용들이에요. 모아서 책 한 권 써주세요." 덩치가 산만 한 후배는 나에 대한 고마움을 스승님이라는 단어 로 표현한다. 새벽에라도, 과제가 많아도 우리는 열심히 스터디 를 해왔다. 몇 년이 지난 지금도 한 해에 한 번은 얼굴을 본다.

함께 일하다 보면 직급과 상관없이 서로에게 부족한 점은 채 워주고 아는 것은 나누려는 동료들이 있다. 동료들이 도움을 요 청하면 거절한 적이 없었는데, 사실 그들을 위해서가 아니었다. 평소에 알던 것도 누군가와 공유하기 전에 한 번 더 짚어보며 공부하고, 상대의 상황과 특성에 맞춰 공유할 자료를 선정하고 편집한다. 그렇게 스터디를 함께하고 나면 내 실력이 한층 단단해진다. 성장한 동료들과 내 업무를 나눌 수 있다는 점도 나에게 이득이다. 그렇기에 스터디가 끝나고 연락이 없어도 서운하지 않다. 나를 위해 공부한 시간이었으니. 10명 중 한 명 정도는 앞서 말한 후배처럼 서로 응원하는 사이가 된다. 함께 성장하고 서로 도움을 주고받게 된다.

이렇게 좋은 동료만 있었으면 얼마나 좋았을까. 그렇지 않은 사람들도 많았다. 내 성과를 가로챈 상사도 많았고, 내가 저지르지 않은 잘못을 나에게 덮어씌우려는 상사와 회사도 있었다. 없는 이야기를 만들고 부풀려 퍼뜨리는 동료도 있었다. 당시엔 마음이 아팠지만, 지나고 보니 내가 한층 성숙해지는 경험으로 남았다. 그 과정에서 예상치 못한 기회를 얻기도 했다. 이제는 비슷한 상황이 발생할 것 같으면 당황하지 않고 사전에 대처할 수 있다. 웬만하면 평정심을 유지한다. 경험이 자산이 된 것이다.

나로 인해 알게 모르게 상처받은 사람들도 있을 것이다. 돌아보면 어느 시점의 나는 참 뾰족했다. 나쁜 뜻은 없었다. 내가 회사에서 월급을 받는 이유는 성과를 내기 위해서였고, 어떤 시기엔 목표에 매몰되어 아무것도 안 보였다. 이제는 나이가 들고 경험이 쌓이면서 소통 방식을 부드럽게 다듬었다. 그러니 이렇게 늦은 변명을 해본다. '그 사람도 어릴 때니까 그랬겠지' 하고 이해해주길 바란다.

나를 응원하고 지지해준 동료들, 나를 아프게 한 동료들, 모든 동료들 덕분에 책을 쓸 수 있었다. 처음엔 목표에 따른 전략을 수립하고 실천 계획을 상세화하며, 수치로 예상하고 실행에 옮겨 성공적인 결과를 만든 예시들을 정리하면 독자들이 즉각적인 도움을 받을 수 있겠다는 생각이었다.

많은 고민을 하다가 생각을 바꾸었다. 기본이 단단하게 쌓이면 시각의 범위를 확장하게 되고, 파악 범위가 커지면 책임과 업무 영역이 확대되어 저절로 배우게 된다. 여러 차례 성공과 실패를 겪으면 나만의 무언가가 만들어진다. 그렇다면 단단한 기본을 만드는 게 가장 중요하다고 판단했다. 기본을 잘 쌓을 수 있는 나만의 방법을 적기로 했다. 누군가가 나에게 기본을 알려준 적 없었기에 나의 과정은 녹록지 않았다. 거기에 더해 내가 동료들에게 받았던 질문들에 대한 답을 모았다. 정답은 아니겠지만 독자 스스로 물음을 던질 수 있는 계기가 되었으면 한다.

함께 스터디를 하다 보면 예상외의 질문들을 받는다. 어떤 방법으로 언제 공부를 하는지, 이렇게 일하는 원동력은 무엇인지, 스트레스 관리는 어떻게 하는지 등 업무와는 관련 없는 나의 일상생활과 습관에 대한 질문이다. 눈뜨고 잠자기까지 일과 관련한 무언가를 하는 것처럼 보이는데 도대체 시간을 어떻게 쓰는지 묻는다.

어려운 일이 닥치고 고민이 생길 때마다 나만의 해결책들을 만들어냈다. 살기 위해 명상도 하고 기도도 한다. 나에게 집중하는 시간을 가지고 싶어 짧은 일기도 쓰고 상상도 한다. 이동하는 시간을 활용해 요약된 시장 자료를 스치듯 읽어낸다. 의지박약인 나약한 나를 지탱하기 위해 책을 읽고 좋은 문구를 적어 일상의 곳곳에 붙여 두었다. 꼼꼼하게 돌아보고 누구나 지금 바로 실천할 수 있게 기록하려 노력했다.

업무에 도움될 만한 기본적인 노하우들도 상세히 적었다. 문서 작성이 왜 중요하며 어떻게 작성하는 것이 좋을지, 전략적인 사고가 무엇이며 어떻게 갖추어야 하는지, '일잘러(일 잘하는 사람)'가 되기 위한 다양한 꿀팁들을 담았다. 사회생활은 일만 잘한다고 끝나지 않는다. 취업과 이직을 어떻게 준비해야 하는지와 다양한 상황에 따른 대처도 써두었다. '나에게는 일어나지 않겠지?' 하는 일들이 회사에서는 일어난다. '미리 알고 있었으면 도움이 되었을 텐데' 하는 것들을 중심으로 반영했다. 본인이 특정 분야에서 일할 예정이거나 이미 일하고 있더라도 도움이 되는 팁이다.

20대와 30대를 지나며 가까운 누군가가 나에게 미리 알려줬으면 좋았겠다 싶은 내용들을 마지막 파트에 정리해두었다. 게으른 내가 최소한으로 관리하고 있는 외모, 연애를 통해 얻을 수 있는 행복, 경제와 투자에 대한 공부 등 그 시기에 경험하고 대비할 수 있는 것들을 놓치지 않고 챙기길 바란다.

그동안 힘들고 지치는 날도 많았지만 보람을 느낀다. 지금은 어떤 상황 속에서도 웃을 수 있는 방법을 터득했다. 1%의 긍정적인 가능성에 집중하게 되었다. 지금까지 만난 모든 상황과 동료들에게 감사하며, 이 책을 읽는 누군가에게 내 이야기가 실질적인 도움이 되길 바란다. 지극히 평범한 나도 했으니 모두 할 수 있다.

ONE Shot

출근 전

1장

나를
지키는
하루 루틴

성공한 사람들은 본인만의 루틴이 있다고 한다. 나의 루틴은 성공한 사람을 동경해 벤치마킹한 게 아니라 살기 위해 시작한 것이다. 변화무쌍하고 메마른 사회생활을 이어가야 했던 걸 많은 내가 선택할 수 있는 건 나만의 작은 탈출구를 곳곳에 만드는 것뿐이었다. 삶을 온전히 지켜내기 위해 찾은 작은 결과물들이 모여 루틴이 되었다. 하나씩 천천히 자리 잡아 어느새 생활의 일부가 되었다. 단단하게 나를 지탱해주는 힘이다.

인생 첫 루틴은 스물두 살 때 생겼다. 부모님의 지원 없이 스스로 마련한 자금으로 유학을 가겠다는 목표가 생겼고, 목표 달성을 위해 24시간을 전략적으로 나누어 사용했다. 자연스레 규칙적으로 행하는 일들이 생겼고, 그렇게 시간이 지날수록 습관화됐다. 루틴은 목표를 향한 막막한 터널 같은 과정 속에서 안정감을 만들어주었다. 편안한 마음은 긍정적이고 여유로운 태도로 이어져, 예측할 수는 없어도 조급하지 않게 해주었다. 1년 6개월 동안의 꾸준한 실천으로 마침내 유학을 가게 되었고, 목표를 달성하니 스스로 할 수 있다는 자신감도 덤으로 생겼다.

이때의 루틴은 기상 직후 행하는 가벼운 운동, 하루 일과표 만들기, 한두 장이라도 책을 읽고 하루를 시작하는 것이었다. 그리고 자기 전에는 소비 내역을 정리했고, 짧게라도 일기를 쓰며 중간에 포기하지 않도록 마음을 다독였다. 시간을 온전히 지배하여 목표를 달성한 경험은 그 후의 내 삶을 더욱 주체적으로 바꾸었다. 유학 생활 동안에도 주변에 휩쓸리지 않고 나만의 계획을 루틴화하여 실행했다. 어떤 루틴을 언제 행하더라도 할 수 있다는 스스로에 대한 견고한 믿음이 생겼다.

개인마다 처한 환경과 타고난 성향이 다르기에 루틴이 만들어지는 기준을 '무의식 중에 몸이 먼저 반응할 때'로 정의했는데, 이 기준이 너무 막연하다면 아래 내용을 참고하여 시도해보기를 바란다.

뇌에 습관을 각인하는 단계로 '21일의 법칙'이라는 것이 있다. '21일의 법칙'은 미국의 성형외과 의사 맥스웰 몰츠가 자신의 저서 《성공의 법칙》에서 처음 주장한 내용이다. 그는 사고로 사지를 잃은 사람이 잘린 팔과 다리에 심리적으로 적응하는 기간을 연구하며, 습관을 뇌에 각인하려면 21일이라는 시간이 필요하다는 사실을 발견했다. 그는 21일이 생각이 습관이 되는 최소한의 시간이라고 말한다. 3주 동안 뇌에 습관을 각인한 후, 이 습관이 자연스럽게 나오기까지는 66일이라는 시간이 필요하다. 또 영국 런던대학교 제인 워들 교수가 진행한 습관 실험이나 2009년 〈유럽사회심리학저널〉에 게시된 글에 따르면, 특정 행동을 매일 같은 시간에 하도록 한 결과, 새로운 습관을 완전히 자기 것으로 만들기 위해서는 평균 12주, 즉 3개월 정도가 걸렸다고 한다.

삶은 지속적으로 변하고, 그에 따라 추구하는 가치관도 변한다. 루틴 또한 멈춰 있는 것이 아니라 변화하고 발전한다. 내가 요즘 시도하고 있는 것은 기상 시간을 30분 당기는 것이다. 직장인인 나는 퇴근 후 저녁 시간에 다양한 변수가 있다. 그래서 매일 지키고 싶은 일들은 100% 나만의 의지로 조절할 수 있는 출근 전 시간을 활용한다. 주어진 환경에 따라 어쩔 수 없이 선택한 대안이지만, 조용하게 나에게 온전히 집중할 수 있는 이른 아침 시간은 굉장히 매력적이다. 앞으로도 이렇게 새로운 루틴을 만들어갈 것이다. 루틴은 자존감과 자신감, 그리고 성취감으로 이어지는 나비효과도 가지고 있다. 그래서 많은 사람이 좋은 루틴을 가졌으면 좋겠다. 기분 좋은 중독을 모두가 경험해보기를 진심으로 바란다.

자기 상황에 맞게 적절하게 응용해 작은 것부터 하나씩 행동으로 옮기면 된다. 작은 행위라도 매일 꾸준하게 이어갈 마음이 있다면 준비는 되었다!

숨이 막힐 땐 숨 쉴 것

: 명상

　많은 사람이 고민이 생기면 생각이 많아져 잠을 이루지 못한다. 나는 유독 심했다. 오랜 시간, 먹지도 자지도 못하면서 몸을 혹사하며 고민했다. 결론을 내리면 거침없이 앞만 보며 나아갈 수 있지만, 고민의 과정은 심히 고통스러웠다. 내가 받아들여야 하는 숙명 같은 것이라 여기며, 선택 전에는 심호흡을 크게 하고 터널 속으로 뛰어들었다.

　그러던 2014년 늦은 봄 어느 날, 차마 못 할 짓이라는 느낌이 처음으로 들었다. 여느 때와 같이 허덕이는 과정을 지나 결론을 내렸는데, 컨디션이 원래대로 회복되지 않았다. 체력은 물론 정신적으로도 몇 날 며칠을 몽롱한 반수면 상태의 느낌으로 지내야 했다. 수영을 하다가 잠수를 잘못해 코에 물이 쑥 들어간 경험을 한 번쯤은 해봤을 것이다. 내가 물을 먹은 건지, 물이 나를 삼킨 건지 구분하기 어려운 그 어질어질함이 나를 괴롭혔다. 삶은 선택으로 이루어진다는 말처럼, 우리는 하루 24시간 안에서도 크고 작은 수많은 선택을 한다. 백세 시대를 살고 있는 지금, 살아온 날보다 살아갈 날이 더 많은데 싶어 숨이 턱 막혔다. 나에게 주어진 수명이라도 제대로 살아내려면 대책이 필요했다.

오랫동안 실천할 수 있는 나만의 방법을 찾고 싶었다. 그러려면 먼저 평소 내가 어떤 성향으로 어떻게 행동하는지 파악할 필요가 있었다. 어떠한 이슈나 사건 없이 고요한 상태에서 나를 찬찬히 돌아본 것은 이때가 처음이 아니었나 싶다. 그동안 선택의 순간 앞에 서 있지 않더라도 생각을 멈추지 않았다. 회사에서 프로젝트를 시작하면 주말 밤낮을 가리지 않고 그 일만 생각했다. 심각한 일중독 상태였다. 프로젝트가 끝나고서도 일상에서 마주치는 것을 그저 흘려보내는 법이 없었다. 즉 '멍 때리는' 시간이 전혀 없었다. 아무것도 하지 않는 찰나가 생기면 불안해하며 시간을 낭비하는 바보라고 자책했다. 뇌를 멈추지 않는 '생각 중독' 상태가 고착화되어 있었다.

불쌍한 나의 뇌. 의식적으로 멍 때리는 시간을 가지기로 했다. 전문가들의 다양한 의견들을 습득했다. 하지만 명상 초보인 나에게는 하루하루가 곤욕이었다. 명상 시간이 되면 스트레스를 받았다. 혹 떼려다 혹 하나 더 붙은 셈이다. 하지만 포기하고 싶지 않았고, 나에게 맞는 방식으로 시작해보기로 마음먹었다.

잡생각에 온전히 머리를 비울 수 없을 땐 엎드렸다. 등을 구부리고 동그랗게 엎드려 내 숨소리에 집중했다. 천천히 호흡을 가다듬고 집중하다 보면, 어느새 호흡 소리가 크게 들리는 것을 느낄 수 있다. 그렇게 집중하는 시간은 1분에서 3분이 되고, 3분이 5분이 되었다. 호흡에 집중하는 게 익숙해지니 자연스럽게 자세가 바뀌었다. 엎드리는 것보다 앉는 것이 편해졌고, 지금은 가부좌를 한다. 머리를 비우는 명상이 끝나면, 오늘 해야 할 일을 생각하며 좋은 하루를 보낼 것이라는 다짐으로 넘어간다. 나에게 최적화된 자세와 호흡, 그리고 집중하고 빠지는 시간을 조절할 수 있게 되었다.

중요한 것은 명상을 시작하고 지속하는 것이다. 나처럼 시작이 어렵다면, 처음부터 자신의 상태에 맞는 방법으로 실천해보기를 권한다. 명상이 습관화되면서 고민의 과정도 수월해졌다. 생각을 해야 할 때와 끊어야 할 때를 구분한다. 그리고 집중해야 할 때와 쉬어야 할 때의 균형을 맞춘다. 명상이 주는 또 하나의 좋은 점은 그날의 컨디션을 인지할 수 있는 것이다. 평소보다 몸이 가벼운 날에는 에너지를 담아 하루를 보내고, 무거운 날에는 무리하지 않는다. 20분의 명상이 나에게 준 변화는 실로 크다. 전문가가 아니기에 그 효과를 의학적·과학적으로 설명할 수는 없지만 그 전보다는 개운하고 상쾌하게 아침을 맞이할 수 있었다.

ACTION POINT!

본인의 상황과 상태에 적절한 명상 방법을 찾아보자! 누군가는 집중을 위해 음악이 필요할지 모른다. 또 누군가에게는 이른 아침이 아닌 밤이 적합할 수도 있다. 장기적으로 이어가는 것이 포인트. 최상의 컨디션을 구현하는 구체적인 방법들을 작은 것부터 하나씩 실천하자. 바로 지금부터! 긍정 에너지가 몸 안에 채워지는 따뜻한 경험이 기다리고 있다.

소중한 것을 떠올리는 찰나

: 기도

기도라는 제목을 보고 지나치려 했다면 잠깐! 종교적 의미의 기도를 말하려는 것이 아니다. 내 삶에서 기도는 많은 부분에서 긍정적인 영향을 주었다. 하지만 그 시작은 미미했다.

기도를 시작한 건 2016년 늦은 봄, 연인을 위해서였다. 그 사람은 두꺼운 안경을 끼고 화장기 없는 내 얼굴을 너무도 이쁘게 바라봐 주었다. 있는 그대로의 나를 좋아했던 친구였다. 학생 때는 공부와 친구가, 회사원이 되고서는 일이 먼저였다. 착하고 자유분방한 그 친구는 처음으로 나에게 사랑이 먼저임을 경험하게 해주었다.

매일 밤 잠을 이루지 못하고 스트레스를 받는 그 친구를 위해 기도를 시작했다. 아침의 시작과 밤의 끝에 간절한 진심을 담아

기도했다. 아침엔 그 친구가 조금이라도 스트레스를 덜 받기를 기도했고, 밤엔 잘 자라는 통화를 하고 나면 밤새 푹 잘 수 있기를 기도했다. 기도하는 습관은 그 친구와 헤어지고 나서도 이어졌다. 자연스럽게 가족과 주변 소중한 사람들을 위해서도 기도하게 되었다.

사람은 망각의 동물, 적응의 동물이라고들 한다. 무언가에 익숙해지면 소중함을 잊게 된다. 기도를 시작하고 나서 가장 좋은 점은 내 주변의 소중한 인연과 상황, 지금 가진 것에 대해 잊지 않게 되고, 잊더라도 다시 생각하며 돌아보고 감사하게 된다는 것이다. 또한 나에게 주어진 어떤 것도 그냥 생겨난 것은 없다는 사실을 상기하게 된다. 당장 이 글을 쓰고 있는 노트북도, 오늘 점심에 먹은 김밥도. 크고 작은 부품 하나하나, 그리고 김밥 속 재료 하나하나가 누군가의 수고로 만들어져 나에게 온 것이다. 내가 가진 어떤 것도 하늘에서 뚝 떨어진 것은 없다고 생각하면 감사한 마음이 든다. 눈에 보이지 않는 나에게 발생하는 크고 작은 상황 또한 지나고 나면 한 가지 이상은 배울 점을 남긴다. 과정에 최선을 다하면 결과가 설사 나쁘더라도 일이 그렇게 된 데에는 이유가 있을 거라고 생각하게 된다.

내가 경험해보고 좋았기에 기도를 권하지만, 기도가 삶에 긍정적 영향을 미친다는 다양한 연구도 있다. 미국 오하이오 주립대학교 연구팀은 대학생들을 대상으로 한 설문조사에서 남을 위해 기도하면 부정적인 감정이 줄고 안정을 찾는 효과가 있다는 것을 발견했다.

연구팀은 실험 대상인 대학생들이 크게 화날 만한 상황을 만들었다. 그다음엔 암 환자의 스토리를 보여주고 그 환자를 위해 기도하거나 염려하는 시간을 갖게 했다. 실험 결과는 종교를 가졌거나 평소 기도를 하는지에 관계없이 동일했다. 연구팀 브래드 부시먼 교수는 "이번 연구 결과는 기도하는 행위가 분노와 공격성을 누그러뜨리는 데 실제 도움이 될 수 있음을 보여준다"며 "단 남을 위해 기도할 때 효과가 있다"고 말했다(〈타인 위해 기도하면 화병 가라앉는다〉, 《코메디닷컴》, 2016년 6월 2일자).

모르는 누군가를 위해 짧은 기도를 하는 것만으로도 기존에 가졌던 부정적인 감정이 줄어든다는 내용이 흥미롭다. 나와 이어진 이들을 위해 기도한다면, 좀 더 편안하고 따뜻하게 하루를 보낼 수 있지 않을까. 남을 위해 하는 것처럼 보이는 기도지만 결국 나를 위하는 것임을 안다. 아침 기도를 통해 그들과 함께함을 느끼면서 평안하고 행복하게 하루를 시작한다. 기도가 가진 힘을 믿으며 앞으로도 계속 이어갈 것 같다.

ACTION POINT!

소중한 이의 얼굴을 떠올리면서 그 사람이 오늘 하루 행복하고 무탈하길 바란다. 오늘 나에게 주어진 시간 또한 즐겁고 값지게 쓰이길 기도한다. 종교가 있다면 좀 더 실천하기 용이할 테지만 기도의 방법도 거창하거나 어려울 것이 없다. 종교가 없더라도 기도는 많은 부분에서 긍정적인 하루를 만드는 데 기여한다. 힘든 날엔 위로를 주고, 평범한 날엔 그날을 소중히 여기게 된다. 명상과 기도는 짧은 시간 투자하여 예상할 수 없을 만큼의 환상적인 변화를 선물로 줄 것이다.

종이 위의 살아있는 생각

: 독서

　　세상의 어떤 일도 장담할 수 없지만 책은 평생 읽을 생각이다. 그만큼 책은 나에게 중요한 역할을 했고, 지금도 그렇다. 아마도 앞으로 세월이 흘러도 그럴 것이다. 책은 나에게 친구이고 스승이며, 가깝고 오래된 연인이다. 여전히 다독의 꿈을 실천하고 있지는 못하지만 '책의 중요성'은 끊임없이 경험하고 있다.

　　매일 아침 아버지는 신문을 읽으셨고, 주말이면 거실 소파에서 책을 읽으셨다. 책 읽는 부모는 자녀의 독서 습관 형성에 긍정적 역할을 한다고들 하는데, 신문과 책이 일상의 한 부분으로 자리 잡은 언니와 조카를 보면 맞는 말인 것 같다. 하지만 나는 부모님 때문에 책을 사랑하게 된 건 아니었다.

　　초등학교 시절 단짝 친구 덕분에 책과의 운명적인 사랑을 시작했다. 그 시절에는 만화책방이 유행했다. 지금은 없어진 만화책을 빌려주는 서점이었다. 대여 기간과 가격은 책마다 달랐고 연체하면 벌금을 내야 했다.

그 친구와 나는 만화책을 섭렵하는 VIP 고객이었다. 기다리던 신간이 나오는 날이면 오픈 시간에 맞춰 뛰어갔다. 학교 쉬는 시간엔 선생님의 눈을 피하고, 방과 후엔 부모님의 눈을 피하기에 바빴다. '19금' 야한 내용도 아니고 폭력적인 내용도 아니었는데 왜 어른들의 눈치를 봤을까. 글보다 그림이 많다는 데에 죄책감을 느꼈나 보다. 우린 《슬램덩크》의 서태웅을 보며 짝사랑을 하고, 순정 만화의 주인공에게 설렜다. 지금 생각해보면 참 순수하고 맑았던 두 소녀였다.

귀신같이 모든 것을 알던 엄마는 만화를 좋아하는 내 취향을 눈치채고 60권으로 된 《만화 삼국지》를 스윽 방에 가져다 놓으셨다. 엄마의 작전은 성공이었다. 읽는 척만 하던 시작이 무색하게 어느 순간 빠져들어 수십 번을 읽었다. 적벽대전의 장면들은 아직도 눈에 선하다. 중국에서 공부할 때도, 회사를 다닐 때도 《만화 삼국지》는 중국인 친구들과 친목을 도모하게 해준 고마운 매개체였다. 나이가 들어서는 《만화 삼국지》만큼 생생하게 떠오르는 한국사의 한 장면이 없다는 무지함을 깨닫고 다양한 분야에 관심을 가졌다. 이렇게 쓰고 보니, 나의 책 사랑에 엄마의 긍정적인 영향도 있었던 것 같다.

만화책방을 함께 들락거리던 단짝은 위로 오빠가 둘 있었고, 나이 차이가 많이 났다. 운 좋게도 친구 집에는 유명한 책이 많았다. 초등학교 5학년 어느 날, 아무 생각 없이 친구 집의 책장에서 꺼내 든 책 한 권의 여운은 아직도 강렬하다.

어른 손가락 세 마디 정도 되는 두꺼운 책이었지만 고른 이유는 간단했다. 선택하기 전에 중간 페이지를 아무 생각 없이 펼쳐 보았는데 대화로 되어 있는 내용이 술술 읽혔다. 첫 장부터 마지막 페이지까지 책 속에 빠져 단숨에 읽었던 기억이 생생하다. 그 책은 요한 볼프강 폰 괴테의 《파우스트》였다. 어린 나는 그 작품이 얼마나 대단한지 배경이 무엇인지 문학적 해석이 어떻게 되는지 접근하면서 읽지 않았다. 그냥 그림 없이 상상하는 만화 같았다. 두꺼운 책을 단숨에 읽어냈다는 성취감과 상상하는 재미를 느꼈다. 그때부터 어느새 '읽고 싶은 책'이 항상 옆에 있었고, 다양한 장르의 스승들을 만나기 시작했다.

나에게 일어났던 수많은 크고 작은 첫 경험과 시련들, 습관과 지혜의 해답을 책을 통해 찾았다. 부모님과 떨어져 홀로서기를 할 때도, 연인과의 첫 시련에서도, 취업과 이직을 앞둔 중요한 순간까지도. 어떤 날은 위로가 되기도 하고, 또 어떤 날은 에너지를 주었다.

내 인생의 첫 변화는 스무 살에 일어났다. 부모님은 독립하는 방법을 가르쳐주시지는 않았다. 고등학교 3학년 때까지 인스턴트 음식을 적게 먹게 하려고 엄마는 도시락과 각종 간식을 만들어 등굣길에 챙겨 주셨고, 걷거나 대중교통을 이용한 기억이 거의 없을 정도로 아빠는 등굣길 운전을 자청하셨다. 아직도 본가에 가면 아빠는 40분 가까운 시간을 달려 기차역에 마중을 나와 계시고, 그동안 엄마는 내가 바로 먹을 수 있도록 음식을 준비하신다. 이런 부모님을 만난 건 천운이지만, 그 덕분에 난 혹독한 스무 살을 견뎌내야 했다.

독립 후 새로운 곳에서의 생활은 두렵고 무서웠고, 처음부터 끝까지 모든 책임을 스스로 져야 했다. 겪어보지 못한 경험들이 많았고, 어찌할 바를 몰라 울었던 적이 한두 번이 아니었다. 마음 여린 부모님께 알릴 수도 의지할 곳도 없었다. 정신 똑바로 차리고, 내가 단단하게 강해질 수밖에 없었다. 여러 달을 울고 다시 일어나 정신을 차린 순간부터 곁을 지켜준 것은 얇은 책 한 권이었다. 지금도 책장 한쪽에 너덜너덜해진 채로 자리 잡고 있는데, 이따금씩 꺼내 읽을 때마다 어린 나를 소환해준다.

《마시멜로 이야기》는 내가 끈기를 가지게 해주었다. 어떤 어려움과 시련이 주어져도 성실하게 끝까지 해내도록 했다. 책 속의 다양한 문구들을 생활 속 맞닿는 대부분의 장소에 붙였고, 힘듦과 좌절감을 느끼는 대신 무조건 할 수 있다는, 스스로에 대한 신뢰를 만들었다. 이는 비단 마음으로 끝나지 않고 수립한 계획들을 성공적으로 해내는 일상의 경험들로 이어졌다.《마시멜로 이야기》의 문구들은 20대 후반까지 함께했고, 2부에서 소개할 버거킹의 '콰트로치즈와퍼'와 '사딸라' 광고의 전신인 '히어로 4종 세트'를 런칭하는 데도 몫을 했다.

그럼에도 불구하고 인생에 실패와 좌절은 늘 우리 곁에 있었다. 그때마다 적절한 위로와 빠른 회복이 필요했다. 김혜남 선생님의 《서른살이 심리학에게 묻다》는 나에게 안식처 같은 책이다. 인간관계로 힘들 때는 'Let it be(순리대로 두어라)'를 되뇌며 내 속에 집착이 있었는지 돌아본다. 그러면 마음이 한결 가벼워진다. 내 의지와 상관없이 일어나는 사회생활의 다양한 일들과 나쁜 의도를 가진 사람들을 만날 때면, 그들의 모습을 닮지 않기 위해 따뜻한 문구들을 찾아 읽고 위로를 받는다. 그중에서도 수십 번, 아니 그보다 더 많이 읽었을 가장 좋아하는 문장이 있다. 이제는 내가 필요한 순간에 톡 하고 떠올라 언제 어디서든 곁에 머물러 있다. "우리 모두가 서로 연결되어 있음을 안다면, 그래서 고의가 아니더라도 서로에게 피해를 입힐 수 있다는 것을 안다면, 좀 더 조심스럽고 따뜻하게 다른 사람들과 세상을 바라볼 수 있지 않을까."

오랫동안 여러 나라의 교육제도와 문화에 관심이 많았던 나는 김누리 교수님의 《우리의 불행은 당연하지 않습니다》를 통해 한국 사회의 문제점을 알게 되었다. 유현준 교수님의 《어디서 살 것인가》《도시는 무엇으로 사는가》《공간이 만든 공간》을 통해 스쳐 지나던 일상의 사소함에 관심을 가지게 되었고, 주변 환경을 단순히 바라만 보지 않고 문제의식을 가지게 되었다. 네모 반듯하게 똑같이 생긴 학교가 학생들의 사고 능력과 창의성 등에 미치는 영향을 고민해본 것이다. 아파트도 마찬가지다. 태어난 순간부터 지금까지 아파트에 살고 있는 나는 유현준 교수님의 책을 읽지 않았더라면 아직도 별다른 문제의식 없이 살고 있었을 것이다. 이제는 아파트가 닭장같이 생겼다는 생각이 들기도 하고, 아파트 한 칸을 소유하기 위해 대부분의 한국인이 아등바등 생을 다하고 있구나 하는 안타까움과 그러기 위해 노력하는 나의 모순도 동시에 발견한다. 도시계획에 따른 다양한 삶의 연관성도 생각해보고, 다른 나라와 비교 분석한 내용을 보며 재미있는 상상을 하기도 한다. 언젠가 건축학 공부를 해보겠다는 나만의 위시 리스트도 생겼다.

조금 더 나은 세상을 다음 세대에 이어주고 싶은 마음은 《왜 세계의 절반은 굶주리는가?》《두 번째 지구는 없다》《침묵의 봄》과 같은 책으로 이어졌다. 유쾌한 데니스 홍 교수님의 《데니스 홍, 상상을 현실로 만드는 법》《오늘 하지 않아도 되는 걱정은 오늘 하지 않습니다》는 두말할 것 없이 책의 첫 장부터 마지막 장까지 긍정 에너지가 가득하다. 정재승 교수님의 《열두 발자국》과 김경일 교수님의 《0.1%의 비밀》은 그분들의 유튜브 강의를 지속적으로 찾아보게 만든다.

좋아하는 모든 책을 소개하는 건 불가능할 것 같다. 요즘은 새로운 정보를 주어 집중을 요하는 책보다는 흥미롭고 가벼운 책을 편식하는 중이다. 조카가 태어난 후로는 고등교육에서 유아교육으로 관심이 이동했다.

거쳐온 회사가 많을수록 동료들도 그에 비례하여 많아지고 있다. 연차가 쌓이면서 문해력의 중요성을 느낀다. 그리고 문해력이 뛰어난 동료를 만날 때면 품위가 느껴진다. 가뭄에 콩 나듯 만나게 된다는 것이 아쉽지만, 함께 일하는 시간만큼은 서로에게 좋은 영향을 미칠 수 있다면 좋겠다. 나 또한 그렇게 되기 위해서 독서를 멈추지 않을 생각이다.

좋은 책을 추천해달라고 하거나, 독서하는 방법을 묻는 사람들이 종종 있다. 나는 좋은 책이 무엇인지는 잘 모른다. 지금까지 독서의 중요성에 대해 말하며 의미 있는 책들을 소개했지만, 그건 나에게 해당할 뿐이다. 누군가는 베스트셀러 책들이 너무 상업적이라 말한다. 자기만의 독서 취향을 가져야 한다고 말하기도 한다. 하지만 그렇게 따져가며 읽어야 한다면 독서는 즐거움이 아니라 스트레스가 되지 않을까. 그래서 내가 생각하는 좋은 책은 독자에게 긍정적인 영향을 주는 책이라 말하고 싶다.

최근 몇 년 동안 노력하고 있는 방법은 '그물식 독서'다. 한 분야에 속한 다양한 책을 읽는 것인데, 기억력이 안 좋은 나에게는 좋은 방법이다. 확장해나가는 방법은 간단하다. 책 한 권을 읽으면 그 속에 관련 서적이 소개되거나 주요한 내용들이 인용되는 데 이를 따라가면 된다.

게으른 탓에 독서노트를 쓰지는 못한다. 그래서 SNS 계정에 단순 포스팅과 기억하고 싶은 워딩 또는 생각을 간략하게 메모한다. 1년에 몇 권을 읽었는지 쉽게 알 수 있다.

책은 그 자체로도 웃음 짓게 한다. 책을 누군가에게 선물하기 위해선 그 사람의 상황이며 취향 등 다양한 부분을 염두에 두어야 한다. 그래서 어떤 선물보다 고르는 데 긴 시간이 걸린다. 책 한 권을 선물하기 위해 하루 종일 서점에 머물렀던 기억도 난다. 그래서 나는 책 선물을 받으면 기분이 좋다. 상대가 나를 애정하고 아끼는 느낌이 전해진다.

ACTION POINT!

책을 어릴 때부터 읽어야 한다거나, 책에서 긍정적인 영향을 받아야만 성공적인 독서가 된다는 의미가 아니다. 우리에게 주어진 환경에서 경험할 수 있는 것에는 한계가 있으므로, 나는 책을 통해 많은 부분에서 도움을 받았다는 의미다. 직접 경험한 것보다 독서를 통해 짧은 시간 안에 알게 된 것의 농도와 깊이가 다르다는 경험을 했으니, 여러분도 똑같이 겪어보았으면 하고 추천하는 것이다. 지금까지 단 한 권의 책을 읽지 않았어도 괜찮다. 이 책을 계기로 오늘부터 한 장씩 읽어 나가면 된다. 어느 순간 기분 좋은 변화를 느끼게 될 것이다.

나를 살피는 한 줄

: 일기

일기 쓰기는 어릴 적부터 부모님이 강조하신 것 중 하나다. 아버지께서 일기 쓰시는 뒷모습을 자주 보며 어린 시절을 보냈다. 부모님이 시키실 때는 너무나 하기 싫어 억지로 썼는데, 어른이 되어서는 매일 찾는 친구가 되었다. '좋은 부모 만나서 그런 거야' 하는 부정적인 생각은 꺼내지도 말자. 선하고 바른 분들을 부모님으로 만난 건 내 복이지만, 모든 것에는 양면성이 있으며 사연 없는 가정은 없다. 이 책에서 반복적으로 말하겠지만, 지나간 것은 지나간 것이고 내가 바꿀 수 없는 상황은 그냥 두자. 당장 변화할 수 있는 내가 바뀌면 된다. 아무튼, 잔소리가 길었다. 다시 돌아오면, 힘들 때나 슬플 때나 행복할 때나 언제든 일기는 내 하루 중 일부를 차지한다.

자리 잡고 길게 쓸 필요도 없다. 머리맡에 작은 노트를 두고 잠들자. 아침에 눈 뜨면 한두 줄 쓰는 걸로 충분하다. 출근하고 일을 시작하기 전에 5분 정도 짬을 내도 좋다. 아침에만 쓰라는 법도 없다. 하루 일과를 마치고 저녁 일기를 써도 좋다. 오늘 저녁 약속이 있다고? 그렇다면 점심 먹고 쓰면 된다. 쓰는 것이 중요하다.

일기를 쓰면서 뾰족뾰족한 투덜이가 동글동글 고마운 마음을 가지게 되었다. 가진 것에 만족하지 못하고 나보다 나은 사람들을 보며 스스로 바보가 된 시간이 있었다. 겉모습으로만 판단하고 저 사람보다 내가 '나은 사람'이라며 일방적으로 정의하고 구렁텅이에 걸어 들어갔다. 참 어리석었다. 짧은 시간이라도 일기를 쓰면 지금 내 상황을 찬찬히 살피게 된다. 무탈하게 잠자고 일어난 아침이 감사하고, 내가 살고 있는 집에도 감사하다. 깨끗한 옷을 입을 수 있는 것도 고맙고, 따뜻한 물로 개운하게 샤워할 수 있는 것도 고맙다. 거짓말 같다고? 믿고 써보자. 처음엔 보이지 않던 자기 상황이 시간이 쌓이면서 보이게 된다.

나에게 소중한 사람들이 떠오르게 된다. 대부분이 사람들의 어려운 부탁을 거절하지 못하고, 가까이 있는 관계에 소홀하다. 나 또한 아직도 그렇지만 시간이 생기면 먼저 나에게 소중한 사람들에게 시간을 할애하려 노력한다. 불편한 사람에겐 잘 거절하는 법도 터득했다. 시작은 주변 사람들을 떠올리는 것부터.

일기와 기도를 통해 일상에서 잊고 지내기 쉬운 가까운 사람들을 떠올리게 되었다. 세상에 당연한 것은 없다. 나를 이유 없이 아끼고 진심을 주는 사람들이 나의 하루에 나타났다면, 일기에 기록하며 떠올려보자.

오늘 바로 실질적으로 도움이 되는 것도 있다. 하루 중에 내 의지와 상관없이 제삼자에 의해 기분이 상하는 경우도 많이 생긴다. 아침에 일기를 쓰고, 기도를 하고, 업무 리스트에 한 줄 문구를 쓰면 삼단 보호막 형성. 기분을 태도로 표출하는 다른 사람들에게 쉽게 휩쓸리지도 동화되지도 않는다. 상대의 부정적인 감정을 내가 받지 않으면 그만이다. 타인의 부정적인 감정은 흘리게 되고, 긍정적인 감정에도 최대한 평정심을 유지하게 된다. 하루하루 쌓이는 나에 대한 탐구와 성찰이 단단한 나를 만들어 주는 것이 아닐까 한다. 나도 사람이기에 주변 상황과 사람을 완벽하게 분리할 수는 없다. 하지만 내 삶에 큰 영향을 주지 않는다는 생각도 점점 커진다.

요즘 일기의 내용 대부분은 감사로 시작해 감사로 끝난다. 하루의 중간엔 오늘 지키고 싶은 내용을 적고, 밤에 쓰는 일기는 개선하고 싶은 내용이 주를 이룬다. 감사 일기를 쓰면 좋다는, 전문가들의 말을 염두에 두고 쓰는 방법은 추천하고 싶지 않다. 오늘 주어진 시간을 어떻게 보낼까, 나는 어떤 사람일까, 내일은 어떤 일들이 벌어질까 등 '나'를 중심으로 시작해보면 좋지 않을까 싶다.

감사 일기를 쓰면 마음이 긍정적으로 바뀐다고 한다. 미국 캘리포니아대학교 로버트 에몬스 교수와 맥컬로우 교수의 연구 결과에 따르면 감사함을 느낄 때 왼쪽 뇌의 전전두엽이 활성화하는데, 이 부위는 긍정적 감정인 사랑과 공감 등과 같은 경험이 일어날 때 활성화하는 부위라고 한다. 연구에서는 자주 감사의 마음을 갖는 사람들이 상대적으로 세 가지 측면에서 행복지수가 훨씬 높다고 한다. 감사함을 느끼면 세로토닌과 엔도르핀 호르몬이 증가하고 이는 스트레스를 줄이고 노화를 지연시키는 역할을 한다. 그래서 더 건강해지는 것이다. 또한 감사하는 마음을 통해 긍정적인 사고와 친절한 마음이 생겨나고, 이로 인해 긍정적인 주변인들이 많이 생긴다. 마지막으로 타인에게 감사할 줄 아는 사람은 자기 자신과 삶에 대해 긍정적이게 되어 자존감을 지속적으로 높일 수 있다고 한다.

내게도 이런 효과가 일어나고 있는지는 잘 모르겠다. 하지만 분명한 건 찌푸릴 일이 생겨도 일기에 쓴 내용들이 떠오르며 한 템포 잠시 쉬어가게 된다. 한 번 더 웃고 있는 나를 발견한다. 아마 할머니가 되어도 무언가를 쓰고 있지 않을까 싶다.

어떤 사람은 휴대폰 메모장에, 또 어떤 사람은 노트북에 카테고리를 나눠서 쓰는 것이 편하다고 한다. 나처럼 짧게라도 손으로 써야 한다는 사람들도 있고 일기는 자세하고 길게 기록해야 한다는 의견도 있다. 자기 전 하루를 돌아보아야 보람찬 기분이라는 사람이 있는 반면에 아침에 쓰는 일기가 긍정적 에너지를 충전해준다는 사람도 있다. 즉 일기 또한 본인의 성향과 생활 패턴에 맞는 방법을 찾아 쓰는 게 중요하다. 본인에게 맞지 않으면 금방 포기하게 된다. 긍정적 에너지를 충전하게 되는 나만의 일기 쓰기 방법을 꼭 찾길 바란다.

달릴수록 가벼워진다

: 운동

    요즘은 하루만 야근을 해도 다음 날 바로 몸이 무거워진다. 며칠 야근이라도 하면 어김없이 신호가 온다. 친구들과 놀더라도 자정을 넘기는 것은 아득한 옛날 일이 되었다. 그동안 운동으로 에너지를 얻고 스트레스를 풀어왔는데 최근 1년 동안은 규칙적으로 운동을 하지 못해 스트레스가 많았다. 다른 부분은 타협이 되는데, 운동은 타협이 되지 않는다. 운동 습관을 다시 다잡아 가는 요즘, 힘들면서도 기분이 좋다.

    운동을 생활화한 건 부모님 덕분이다. 기억 속에 부모님은 매일 운동을 하셨다. 독립하기 전까지 아빠는 배드민턴을 치실 때나 공원 산책을 하실 때 나를 데려가셨다. 아직도 본가에 가면 자기 전에 엄마와 누워 윗몸일으키기를 한다. 부모님은 여전히 매일 운동을 하신다. 나이가 드시니 확실히 또래분들보다 활기차고 에너지가 있으시다. 매일 같이 운동과 소식의 중요성을 말씀하신다. 나의 출근 전 스트레칭은 두 분의 제안 동작과 내 동작이 합쳐져 구성되었다.

운동이 주는 신체적·정신적 효과는 너무도 많다. 여기서는 내가 느낀 운동의 좋은 경험을 공유하려 한다. 먼저 큰 목표를 세우고 실천하는 데 도움이 되었다. 체력 관리는 물론 정신적인 부분까지 관리가 되었고, 목표를 상기하는 데도 활용했다. 유학 시절뿐만 아니라 취업을 준비하던 시기에도 운동은 도움이 되었다. 새벽 5시 30분에 일어나 6시부터 한 시간 동안 학교 앞 운동센터에서 러닝머신을 뛰었다. 러닝머신을 뛰는 동안 목표를 달성한 내 모습을 그렸고, 오늘도 해낼 수 있음을 다짐했다. 땀 흘리고 시원하게 샤워한 후에는 편의점에서 빵 여섯 개를 사서 도서관으로 갔다. 밥 먹는 시간이 아까웠기 때문이다. 그렇게 자정까지 도서관에서 공부했고, 집으로 돌아와 1시 전에 잠들었다. 매일 반복했다.

직장생활 스트레스, 인간관계 고민, 연인과의 헤어짐 등 무수한 부정적인 상황들이 곳곳에서 발목을 잡는다. 집안 이불 속에만 있으면 우울해지고 눈물만 날 뿐이다. 울면 어지럽고 몸이 무거워지고 점점 우울해진다. 여건이 된다면 이런 상황에서 한 번쯤은 운동을 해보길 바란다. 처음엔 내가 뭐하고 있나 싶을 수도 있다. 하지만 뛰고 땀 흘리다 보면 에너지가 차오르는 것을 느낄 것이다. 무거웠던 고민이 조금은 가벼워지고, 어쩔 수 없는 것은 그대로 넘기게 된다. 해결책이 눈에 보이고 집중하게 된다. 신기하게도, 그렇게 된다.

운동으로 일상에 긍정 에너지 잽을 수시로 날려야 한다. 그동안 꾸준히 운동을 해왔다. 요가는 8년, 필라테스는 2년, 테니스는 2년 가까이 배웠다. 지금은 다시 피트니스를 시작했고, 시간을 생각하지 않고 뛰고 싶은 만큼 뛰고, 근력 운동과 스트레칭까지 한 후 사우나로 마무리하면서 행복을 느낀다. 자주 못 하는 것이 스트레스지만 지키고자 노력한다. 이렇게 잽을 수시로 날리면 삶의 질이 높아진다. 자신감이 생기고 밝은 에너지가 돈다. 웃을 일이 한 번은 더 많아진다.

ACTION POINT!

운동만큼 즉각적 효과를 주는 중독은 없는 것 같다. 행복한 중독이다. 돈을 쓰지 않아도 된다. 사는 곳 근처만 찾아봐도 운동할 만한 좋은 공원이 많을 것이다. 나에게 맞는 운동을 찾고 꾸준하게 실천해보자.

2장

단단한 바탕
만들기

나이가 들수록 체력과 컨디션 관리는 필수다. 몸이 따라주지 않아 속상한 일이 많아지고 있다. 비단 업무를 위해서뿐만 아니라, 개인의 삶을 위해서라도 대책이 필요하다. 그래서 하나하나 실천하는 습관을 모았다.

음악은 신비한 힘을 가지고 있다. 힘들고 지친 마음을 위로하기도 하고, 힘을 주기도 한다. 중요한 일을 앞둔 떨리는 순간엔 자신감을 주고 긍정 스위치를 켜준다. 음악처럼 짧은 시간에 즉각적인 변화를 줄 수 있는 숨구멍은 삶을 윤택하게 한다.

잠을 줄이면 노화가 가속화한다는 정보는 어렵지 않게 찾을 수 있다. 노화뿐만 아니라 컨디션에도 영향을 준다. 잠자는 시간에 따라 몸이 무겁고 가벼운 것을 느낀다.

식습관과 영양제에 대해서도 썼다. 젊었을 때 차곡차곡 쌓이는 건강한 식습관은 노년기에 적금처럼 나타난다고 한다. 잘 실천하고 싶은데 힘들다. 그래도 노력해 본다.

살다 보면 좋은 일보다 힘들고 어려운 일이 더 많이 생긴다. 그렇다고 인상을 찡그리고 불평불만을 하는 데 시간을 낭비할 수는 없다. 일어나는 일은 내가 선택할 수 없지만, 긍정적으로 받아들이고 웃는 것은 내가 선택할 수 있다. 이에 도움을 주는 나만의 주문들도 적어본다. 그럼에도 힘들고 지친다면 주변의 도움을 받아야 한다. 부끄러운 일이 아니므로 손 내밀어보자. 꼭 잡아주는 이가 있을 것이다.

어떤 일이든 바탕이 단단해야 무너지지 않는다. 나만의 바탕을 단단하게 만들어보자!

부정적 감정의 소용돌이에서 벗어나기

: 음악

　　인생은 혼자 있어도 외롭고, 연애를 해도 외롭고, 결혼을 해도 외롭고, 평생 외로운 것이라는 어른들의 말이 있다. 아직 인생을 다 살아본 것은 아니지만, 먼저 가본 사람들의 말에는 어느 정도 일리가 있지 않을까. 그리고 시간이 지날수록 혼자서도 즐겁고 행복할 수 있는 방법은 꼭 알아야 하는 것 같다. 내가 행복해야 좋은 기운을 다른 이에게도 줄 수 있다고 느낀다. 나에게 음악은 짧은 시간 안에 비교적 쉽게 기분을 전환하고 에너지를 충전해주는 도구다. 특히 부정적 감정이 일렁일 때는 효과가 제대로다.

　　출근을 준비하는 주중 아침 시간에는 가사가 없는 피아노 연주를 듣는다. 아침에 알람을 끄면서 음악을 플레이해 집을 나설 때까지 듣는다. 음악 지식이 풍부하지는 않지만 피아노 선율에서 느껴지는 안정감과 포근함이 좋다. 가사가 없어도 차분하게 전달되는 위로, 기쁨, 설렘, 행복, 사랑의 느낌이 좋다. 김광민, 유키 구라모토, 박종훈, 이루마의 뉴에이지 곡들이 플레이리스트 대부분을 차지한다. 조성진 피아니스트의 연주를 통해 클래식의 매력도 느끼는 중이다.

가끔 찾는 음악회는 일상에 행복을 준다. 최근엔 서형민 피아니스트의 연주가 남긴 잔상이 아직도 기억에 남아 있다. 성민제 콘트라베이시스트의 연주는 연주회 내내 온몸을 집중시켰다. 지금보단 자주 음악회에 가려고 한다. 또 이제는 음악 지식도 쌓고, 언젠간 음악의 본고장을 여행해보고 싶기도 하다. 친한 지인의 추천으로 접하게 된 재즈의 매력도 느끼는 중이다. 어떤 것부터 접근해야 할지 몰라 지인의 리스트에서 내가 좋아하는 곡들만 남기고 있다.

힘들거나 부정적인 생각이 머리를 휩쓰는 순간에는 오래 머무르지 않으려 노력하는데, 그때에도 음악은 큰 몫을 한다. 유난히 지친 아침에 에너지를 끌어올리는 데도 유용하다. 회사에 도착하기 전, 가사가 있는 음악을 들으며 감정을 세팅한다. 나의 의도와 상관없이 많은 일이 일어나겠지만, 적어도 하루의 시작은 내가 선택할 수 있다. 최신 아이돌 음악을 듣기도 하고, 어딘가에서 흘러나온 곡을 리스트에 담기도 하지만, 자주 찾는 음악들은 가사의 느낌이 비슷하다. 하루를 버텨낼 힘을 주는 밝은 곡들이다.

처음 들었던 장소와 상황은 기억나지 않는다. 듣자마자 재미있고 즐거운 마음이 생겨서 담았다. 먼저 소녀시대 수영과 개그우먼 홍현희가 부른 〈너니까 너답게〉는 집을 나서기 전 거울을 보며 활짝 웃는다는 가사 내용에서 매일 아침 나의 모습이 떠올라 공감이 간다. 넘어져도 괜찮으니 나만의 길을 가라는 부분은 하루의 시작에 용기를 준다. 전체적으로 상큼하고 가벼운 발걸음이 머릿속에 떠오른다. 영화 〈국가대표〉의 OST로 러브홀릭스가 부른 〈Butterfly〉는 참 오랫동안 듣는다. 처음 음원이 나온 순간부터 지금까지 한결같이 들으며 도움받는 노래다. 힘든 상황이면 더 자주 찾는다. 지금이 아무리 힘들더라도 힘을 내어 나아가면 좋은 일이 기다리고 있다고 말해주는 것 같다. 남들의 평가에 휘둘리지 않게 하고, 스스로를 믿고 좋은 결과로 나아가게 한다.

럼블피쉬가 부른 〈I GO〉라는 곡도 좋아한다. 〈Butterfly〉가 힘들 때 찾는 노래라면 〈I GO〉는 일이 비교적 성공적인 궤도에 다다랐을 때나 목표한 무언가가 잘되고 있을 때 듣는다. 유머러스한 멜로디가 내게 "원더풀!"을 외치며 앞으로 나아가보라고 말하는 것 같다. 가슴을 쭉 펴고 웃으며 지금을 즐기게 만든다. 누군가가 내 양옆에서 든든하게 지켜주고 있는 느낌이 든다. 최근에 많이 들었던 노래는 만화 〈원피스〉에 나온 〈우리의 꿈〉이다. 재미있게 본 만화라서 내용을 알기에 노래가 더 와닿는다.

꿈꾸는 자가 세상을 가질 수 있다는 가사는 단순하게 보면 말도 안 되는 것 같지만, 새로운 일을 시작하는 사람에게는 단단한 마음을 가지게 한다. 모두에게 공평한 유일한 것은 시간이다. 지금 주어진 시간을 의미 있게 여기고 행동하게 만든다. 새로운 것을 시작할 때 어김없이 찾아 듣게 되고, 지친 하루를 마무리할 때 들으면 위로받는다.

연애할 때 자주 듣는 곡도 있다. 메간 트레이너가 부른 〈Like I'm Gonna Lose You〉라는 곡이다. 사랑하는 사람과 더 이상 만나지 못하게 되어 절망했지만, 눈을 떠보니 꿈이었고 사랑하는 연인은 내 옆에 자고 있는 것을 발견하게 된다. 그 사람을 보며 우리에게 내일은 없을 수도 있구나 깨닫고, 최선을 다해 사랑하겠다 노래한다. 이 곡에는 추억이 있다. 가사를 들으면 내가 생각난다며, 미국에 있던 당시 연인이 밸런타인데이를 기념하며 보내준 곡이다. 세월이 지나 이 노래는 그 친구를 떠오르게 하는 것이 아니라, 지금 내 옆의 연인을 소중하고 감사히 여겨야겠다고 다짐하게 만든다.

음악을 공부하면서 듣는 것은 아니지만, 음악이 미치는 긍정적 영향에 대한 연구 결과는 많다. 음악을 매개로 긍정적인 신체와 심리 변화를 유도하는 음악 치료는 학문적으로도 다양하게 연구 및 실천되고 있다. 《의학신문》에 보도된 2005년 연구에 따르면 음악은 뇌파와 심장 박동수, 혈압, 피부 표면 온도, 전기 피부 반응, 호흡수, 산소 포화도 등에 유의미한 영향을 미친다고 한다. 체계적으로 계획되어 치료 목적을 가지고 사용된 음악이 환자들의 상태에 따라 긍정적 반응을 만드는 데 도움을 준다는 논거를 제시했다. 그뿐만 아니라 지금은 음악 치료가 다양한 분야에 스며들어 현대인의 스트레스를 줄여주는 역할을 하고 있다.

연구 내용과 같이 환자 상태를 확인하고 그에 적절한 치료 목적의 음악 리스트가 체계적으로 적용되어야 치료 효과가 나타날 것이다. 내가 추천하는 일상 속 나만의 음악 리스트가 의학적 치료와는 상응할지 모르겠다. 그렇지만 순간의 기분을 전환하고 에너지를 얻기에는 충분하다고 생각한다. 꼭 음악이 아니더라도 부정적인 순간에서 빠르게 벗어날 수 있도록 도와주는 자신만의 무언가가 하나쯤은 있기를 바란다. 생각보다 삶의 질이 많이 개선될 것이다.

ACTION POINT!

꼭 음악이 아니어도 괜찮다. 부정적인 감정에서 꺼내줄 수 있고 일상의 사소한 행복에 도움을 주는 나만의 무언가를 찾으라는 것이다. 사람에 따라 악기 연주가 될 수도 있고 그림 그리기가 될 수도 있다. 가만히 먼 산을 바라보는 것이 될 수도 있고, 잠을 자는 것이 될 수도 있다. 부정적인 감정의 소용돌이에 무방비 상태로 자신을 방치하여 에너지와 시간을 낭비하지 말자. 미리 나만의 방법을 찾아두자.

상쾌한 컨디션의 비밀

: 수면

미국 국립수면재단에서 발표한 적정 수면 시간은 일반 성인의 경우 7~9시간, 성장에 필요한 에너지가 많은 청소년기는 이보다 충분한 수면 시간이 필요하다고 한다. 적절한 수면은 수명과도 직결된다. 2002년 미국 캘리포니아대학교 연구팀이 성인 약 100만 명을 대상으로 수면 시간과 6년간의 사망률을 살펴보았는데, 수면 시간이 평균 7시간일 경우 사망률이 가장 낮게 나타났다. 7시간을 기준으로 수면 시간이 늘어나거나 줄어들수록 사망률이 증가했다. 즉 무조건 많이 자는 게 좋은 건 아니라는 의미다.

책을 쓰면서 내가 실천하는 일상이 추천할 만한 내용인지 확인했다. 놀랍게도 많은 부분에서 내가 실천하는 일상이 유의미했다. 수면 시간이 긴 것도 짧은 것도 좋은 것이 아니라는 내용에 공감한다. 본인에게 맞는 적정 수면 시간을 찾는 것이 중요하다. 연구 결과에 따르면 평균 7시간의 수면 시간이 적정하다고 말할 수 있지만, 7시간을 잤을 때 최상의 컨디션이 아닌 사람도 있을 것이다. 가볍고 상쾌한 컨디션으로 하루를 보낼 수 있는 나만의 수면 시간을 찾는 것이 필요하다.

수면 시간에 대해 고민하게 된 계기가 있다. 하루의 중요한 일은 저녁보다 몇 배는 집중이 잘되는 아침에 한다. 그리고 그 시간이 조급하지 않고 여유가 있어야 그날 하루가 만족스럽다. 그렇기에 본격적으로 일과를 시작하기 전 아침에 여유 시간을 확보하는 것은 나에게 매우 중요하다.

하지만 이미 몸에 익은 기상 시간을 당기는 것은 다른 문제다. 당긴 시간이 다시 내 몸에 맞게 세팅될 때까지는 마음을 단단하고 독하게 먹어야 한다. 기상 시간을 30분 이르게 잡고 한 달 정도 흘렀을까. 집중이 잘되었던 아침 시간이 이젠 마음대로 되지 않았다. 처음에는 '잠이 줄었으니 어지럽고 집중이 잘되지 않나 보네. 주말에 좀 더 잠을 보충하면 되겠지' 싶었다. 계획한 대로 되었으면 좋으련만 눈 떠서 비몽사몽 이불 속에 머무는 시간만 길어졌다. 그러면서 궁금해졌다. 내가 가장 좋은 컨디션으로 하루를 생활할 수 있는 나의 수면 시간은 몇 시간일까? 그걸 찾아내서 아침 시간을 최상의 컨디션으로 보내고 싶었다.

일주일은 짧은 느낌이 들었다. 기계로 정밀하게 변화를 측정하는 것이 아니기 때문에 수면 시간을 적어도 한 달은 유지해야 컨디션 변화를 제대로 느끼지 않을까 생각했다. 한 달간 동일한 기상 시간을 유지하고 아침에 눈을 떴을 때 몸이 가볍고 상쾌한지, 하루 일과에 집중이 잘되는지 등 체크 리스트를 만들어 살피고 기록했다. 처음 시작은 당시 나의 평균 수면 시간을 기준으로 했다. 6시간으로 시작하여 5시간 30분, 5시간으로 수면 시간을 줄였다. 이후 6시간 30분과 7시간, 7시간 30분으로 늘렸다. 두 번의 사이클을 반복했다. 6시간보다 적은 시간을 잤을 때는 일어나서 피곤한 기분이 들었고 멍한 느낌이 한동안 머물렀다. 7시간 이상을 잤을 때는 오히려 침대에서 몸을 일으키는 데 시간이 걸리고 둔한 느낌이 들었다. 6시간에서 7시간을 자야 다음 날 컨디션이 상쾌했다.

최대한 지키려고 노력하지만 고민이 많은 날은 잠이 들지 않기도 하고, 야근이나 저녁 약속이 있는 다음 날엔 수면 시간이 무너지는 경우도 있다. 시간이 흘러 나이가 들면 그에 따라 수면 시간을 바꿔야 할 수도 있다. 전문가의 도움을 받은 것도 아니고, 맞는 실천 방법인지도 모르겠다. 그럼에도 불구하고 내 몸이 어느 정도의 수면 시간이 필요한지 적정선을 알고 있으면, 중요한 일이 있기 전 맞춰서 잘 수 있어 좋다. 수면 시간을 지키지 않은 날들이 이어지면 의식적으로 더 건강을 챙기게 되는 점도 좋다. 가장 좋은 점은 주도적으로 오늘 하루를 이끌어 갈 수 있는 최상의 컨디션을 스스로 관리할 수 있다는 마음가짐이 생긴다는 것이다. 기회가 된다면 과학적으로 정밀하게 몸의 반응을 테스트해 나만의 적정 수면 시간을 찾아보고 싶다.

ACTION POINT!

핵심은 하루를 시간에 쫓겨 허겁지겁 보내지 말자는 것이다. 그러기 위해서는 상쾌하고 밝은 에너지가 충분히 충전되어 있어야 하고 이를 위해서는 잘 자야 한다. 나처럼 수면 시간을 조절해 변화를 파악해보자. 나에게 주어지는 하루라는 시간은 지나가면 다시 돌아오지 않는다. 잘 자고 감사히 눈뜨자.

몸이 고장 나기 전에

: 식습관과 영양제

    흔히 말하는 '건강한' 집밥에서 멀어진 지 20년이 되어간다. 햄버거나 돈가스, 주스까지도 엄마가 직접 집에서 만들어 주셨기에 바깥 음식이 처음에는 생소했다. 하지만 몸에 나쁜 것은 적응도 빠른지 금방 길들여졌다. 인스턴트의 맛과 편리함에 익숙해져 직접 해 먹는 게 쉽지 않다. 한순간에 나빠지지는 않지만 차곡차곡 쌓여 어느 순간 문제가 드러나는 것이 건강이다. 전문 지식을 가진 의사가 아니기에 식습관이 신체에 어떠한 영향을 미치는지 의학적으로 설명하기는 어렵지만, 요즘 주변에 비슷한 나이대의 사람들을 보면 하나둘 고장 나는 모습들이 보인다.

    평생을 건강한 식단으로 아침밥을 챙겨 오신 부모님은 내게 간단하게라도 아침밥을 먹길 권하신다. 하지만 도저히 목에 넘어가지 않는다. 두유를 먹으려고 노력도 해봤는데 너무 맛이 없다. 그래서 억지로 아침밥을 먹는 스트레스는 피하기로 했다. 대신 눈뜨면 물 한 잔은 꼭 마신다. 그리고 커피는 최대한 기상 후 늦게 마실 수 있도록 노력한다. 요즘엔 사과와 비트, 당근으로 즙을 낸 ABC 주스를 한 잔 마신다. 직접 갈아 마시는 것은 포기하고 유기농 제품을 주문했다.

주말에는 의식적으로 배달 음식을 줄이기 위해 노력했다. 자극적일수록 매출이 늘어나는 것은 인지상정이기에 어쩔 수 없이 집밥보다 음식의 간도 세고 조미료가 많이 들어갈 수밖에 없다. 가장 간단하게 할 수 있는 건 밥부터 바꾸는 것. 잡곡 현미밥을 미리 많이 해서 소분한다. 얼려두고 필요할 때마다 꺼내 먹는다. 밥을 해 먹으니 간단한 반찬도 만들어 먹기 시작했다. 달걀 프라이를 만들고 두부를 부치고 버섯을 볶는다. 밀키트를 사더라도 양파나 파를 곁들이고, 쌈 채소를 구입한다. 아직 더 노력해야 하지만 실패를 거듭하며 다시 시도하는 중이다. 1년 전만해도 생각만 했던 것들이다. 시간은 걸리지만 하나씩 실천하고 있다. 직접 해 먹는 요리가 점점 늘어나기를 바란다.

식습관이 바뀌자 주말에는 속이 편하고 피부 트러블도 줄었다. 주말 내내 배달 음식과 바깥 음식을 먹고 스트레스 풀기용 음주를 했을 때는 일상도 틀어지고 속도 불편했다. 자다가 깨는 경우도 종종 있었다. 그 빈도가 줄었고 숙면도 취한다. 먹는 것의 영향이 큰 듯하다. 무엇보다 스스로 뿌듯하다.

영양제는 먹어야 한다, 먹지 말아야 한다 상반된 의견들이 팽팽하다. 계절 음식을 통해 자연적으로 영양을 섭취하는 게 좋다는 것은 안다. 하지만 쉽지 않은 일이다. 흔한 비타민 하나도 챙겨 먹지 않았다. 그러다 최근 하나둘씩 몸에 안 좋은 신호들이 왔고 급한 마음에 영양제를 찾았다. 효과가 있는지는 아직 모르겠지만, 오메가3와 비타민을 꾸준하게 챙기는 중이다. 식단 관리와 영양제 섭취를 통해 평소에 꾸준하게 건강을 지키자.

ACTION POINT!

좋은 식습관에 대한 정보는 넘친다. 하지만 본인의 생활 패턴, 경제적 상황, 장기적 실천 가능 방법 등을 생각하지 않는다면 아무리 좋은 방법이라도 무용지물이다. 여러 좋은 방법 중, 먼저 실천해보고 싶은 것들을 1차로 적어보고, 그중 현재 내가 지킬 자신이 있는 것부터 하나씩 꾸준하게 실천해보자.

믿지 않으면 아무 일도 일어나지 않는다

: 확언

대학교를 졸업하면 취업을 해야 하고, 취업하면 결혼을 해야 하고, 결혼하면 아이를 낳아야 하고, 아이를 키우면 노후를 준비해야 하고, 그러다 보면 죽음을 준비해야 한다. 그렇지 않은 경우도 있지만 많은 사람이 이렇게 살아가고 있다. 과정마다 수많은 고통과 시련이 있을 것이다. 하지만 우리는 주어진 시간과 과정 속에서 충분히 스스로 행복을 선택할 수 있고, 많이 웃는 하루하루로 우리의 인생을 채워나갈 수 있다. 처음에는 부모님을 떠나 혼자 모든 것을 선택하고 책임지는 것이 무섭고 두려워 나만의 주문을 쓰기 시작했다. 그랬더니 어느 정도 나를 잡아주는 중심이 되고 위안도 되었다. 그렇게 의식적으로 나만의 주문을 쓰고 말하며 되뇌었더니 지금까지 나에게 용기와 도움을 주고 있다.

긍정적인 면에 집중하라

모든 일은 정도에 차이가 있겠지만 동전의 앞뒷면처럼 양면
성이 존재한다. 무슨 일이든 긍정적인 부분에 집중하는 편이다.
성공 확률이 낮은 일이어도 긍정적인 요소를 전략적으로 활용
해 성공시키면 일상에도 좋은 영향을 미쳤다. 긍정적인 면이 원
동력이 되어야 훨씬 멀리 단단하게 앞으로 나아갈 수 있다. 생활
속에 일어나는 크고 작은 문제에서도 어떻게 긍정적인 면을 활
용할지 요령이 쌓이는 듯하다. 문제의 부정적인 면을 놔두면 나
중에 큰 화가 될 수도 있다고? 아예 무시하라는 뜻이 아니다. 긍
정적인 것에 집중하되, 부정적인 것은 분석하여 대비하면 된다.
적을 알고 나를 알아야 이길 수 있다. 부정적인 것은 더 철저하
게 인지하여 대책을 세우자.

무조건 해낼 수 있다

중요한 프로젝트를 시작할 때, 새로운 회사에서 적응할 때, 일

상의 변화가 필요할 때 등등 불안하고 떨리는 마음은 누구에게나 있다. 하지만 무조건 할 수 있다는 생각만 가져도 될까 말까 하는 어려운 것들이 세상일의 대부분이다. 호락호락하게 그냥 주어지는 것은 없다. 그러니 믿을 것은 나 자신밖에. 이 말로도 마음이 정돈되지 않는다면 조금은 더 오버해서 기운을 끌어올린다. '나니까 할 수 있어. 그러니까 이 일이 나에게 주어진 거야.'

이 말은 어릴 때 엄마가 나에게 해주셨다. 그때부터 중요한 순간마다 자연스레 엄마의 목소리를 떠올린다. 초등학교 때 큰 무대의 피아노 발표나 웅변대회, 발표회 사회 등을 자주 경험했는데, 내 차례가 되면 떨려서 엄마를 찾았다. 그때마다 엄마는 나에게 말해주었다. "겁낼 것 없다! 엄마가 뒤에 딱 서 있어. 큰소리로 하고 싶은 것들 다 하고 내려와라! 하면 된다!" 매번 내 눈을 보며 엄마는 단호히 말씀하셨다. 외국계 회사를 다니며 발표와 토론을 많이 했다. 전 세계의 담당자들이 모여 각 나라의 성과를 발표하고 축하하는 문화가 보편화되어 있었다. 준비는 철저하게 하되, 무대에 오르기 전에는 엄마의 목소리를 떠올린다. 그런 얘기를 해줄 사람이 없어 부럽다고? 걱정하지 마라. 내가 그 사람이 되어 줄 수 있다. "겁낼 것 없어요! 무조건 해낼 수 있어!" 지금부터 이 말이 귓가에 맴돌 것이다.

난 해결책을 찾아낼 거야

막연하지만 무조건적인 믿음이다. 회사의 크고 작은 프로젝트를 진행하면서 좋은 결과를 내는 방법을 터득했는데, 그 과정은 쉽지 않았다. 인원이 적어 일당백을 해야 하고, 비용이 충분하지 않아 할 수 없는 일도 많았다. 하지만 주어진 상황에 머무르지 않았다. 디자이너가 작업이 많다며 일정을 미루면 일러스트를 배워 간단한 작업은 직접 했다. 비용이 없어 고객 설문조사가 어려우면 대학 때 배웠던 설문 설계 방법을 이용했다. 부족한 점은 전문가 영상을 보고 배워 직접 조사를 진행했다. 모두 성과에 긍정적으로 작용하거나 중요한 키가 되었다.

이러한 경험이 반복되면서 문제가 생겨 해결 과정이 힘들더라도 나는 결국 해결할 수 있을 것이라는 믿음을 가졌다. 우리는 타인을 믿는 것에는 많은 시간을 고민하지만, 스스로를 믿어야 한다는 것에는 인지조차 하지 않고 살아가는 것 같다. 내 인생에서 가장 중요한 사람은 나 자신인데 어떻게 보면 씁쓸한 일이다. 나처럼 업무를 성공시켜야 스스로에 대한 믿음이 생긴다는 뜻이 아니다. 나는 비록 돌고 돌아 나를 믿어주게 되었지만, 이 글을 읽는 사람들은 자신을 소중한 사람으로 여기고 아끼며 믿어주었으면 좋겠다. 내가 나를 믿어야 남에게도 신뢰를 줄 수 있다.

이 상황이 일어난 이유가 있을 거야

힘들 때마다 되새기는 말이다. 어떤 것을 선택할 때 고민과 생각을 많이 하는 편인데, 선택을 하고 나면 그 순간부터는 뒤돌아보지 않는다. 그리고 내 선택이 옳다는 것을 스스로 증명하려 노력해야 후회가 적다. 하지만 세상일이 모두 마음대로 되지는 않는다. 좌절하고 힘든 일이 더 많을지도 모른다. 그때마다 이 말을 떠올리면 힘들다는 생각이 작아진다. 이 상황이 왜 나에게 일어났을까 원망하는 마음보다, 그래도 그 안에서 배우고 얻어가야 할 것에 집중하게 된다. 상황도 힘든데 얻어가는 것까지 없다면 억울하지 않은가. 그러다 보면 어느 순간 힘든 상황 안에서 새로운 기회를 만나기도 한다.

대략 10년을 주기로 힘든 일들이 겹쳐 발생했었다. 지나고 보니 힘든 일만 있지는 않았다. 힘든 상황에서 기회를 만들어냈다. 책을 쓰기 시작한 것도 좋은 기회였다. 쓰다 보니 새로운 사람들도 만나게 되었다.

새로운 사람들은 또 다른 사람들을 이어주었고, 이전보다 인간관계가 풍성해지고 단단해졌다. 중요한 것은 상황에 매몰되어 빠져들면 안 된다는 점이다. "이 상황이 일어난 이유가 있을 거야. 내가 할 수 있는 것들을 하나씩 해나가야지"라며 할 수 있는 일들을 찾고 행동해야 한다. 그러면 덩달아 회복탄력성도 높아질 것이다. 어떤 어려움이 생겨도 그 안의 작은 희망의 불씨를 찾아내게 될 것이다.

ACTION POINT!

나는 스스로를 사랑하려 노력한다. 나만의 주문들을 보니 나 자신을 믿고, 주어진 상황을 내게 도움 되는 방향으로 해석하고 받아들이려고 노력하는 것 같다. 글을 쓸수록 나에 대해 더 알아가는 느낌이다. 각자가 중요시하는 가치관을 쭉 써보자. 그중에서도 우선순위가 있을 것이다. 우선순위와 연관하여 '이것만은 지키고 싶어' 하는 것을 써보고 선별하자. 이 과정을 거치는 동안 이미 마음속에 정해지는 문구들이 있을 것이다. 쓰고 말하며 잊지 말자.

힘들면 혼자 버티지 말자

: 도움 청하기

　　　　　본인이 외향적 성격인지 내향적 성격인지와는 무관하다. 혼자서는 감당할 수 없는 감정과 상황이 닥쳤다면 주변에 도움을 요청하자. 스스로 긍정적인 에너지를 끌어올릴 수 없다면 제삼자의 도움으로 자신을 끌어올리는 상황을 만들어야 한다. 긍정적인 상황 속에 나를 밀어 넣는 것이다. 친구나 지인이 될 수도 있고, 가족이나 전문가가 될 수도 있다. 돌아보니 성인이 되고 나서 10년 주기로 한 번씩 힘든 일들이 찾아왔다. 힘든 일은 시험하듯 하나만 찾아오지 않는다. 크고 작은 다양한 일이 한꺼번에 찾아왔다.

　앞서 아무렇지 않은 척 얘기하지만, 스무 살이 되어 혼자 덩그러니 마주한 세상은 무서웠다. 참 많이도 이리 치이고 저리 치였다. 혼자서는 이겨내지 못했을 것이다. 기억에 남을 만큼 힘들었던 첫 번째 일은 해외 현지 법인에서 일할 때다. 회사 일도 성과가 바로바로 보이고 어느 시기보다 인정받았지만 쌓였던 힘듦이 한순간에 터진 것이다. 아무 데도 기댈 곳이 없었다. 아니, 한 번도 누군가에게 기대겠다는 생각을 하지 않았기에 해결 방법을 몰랐다는 편이 맞겠다.

유일하게 알고 지낸 한국인 친구가 있었다. 그 친구를 붙잡고 힘들다는 말만 반복하며 밤새 소리 내어 울었다. 감사하게도 그 친구는 "힘들었구나. 울어도 괜찮아"라는 말만 반복하며 곁에 있어 주었다. 다음 날 눈을 떴는데 어제와는 다른 세상이 펼쳐졌다. 해외로 일하러 가는 걸 부모님은 반대하셨고, 회사에 자리 잡기까지 많은 우여곡절이 있었다. 학창 시절을 함께 보낸 가까운 친구와는 관계가 틀어졌다. 지금이라면 대수롭지 않았을 상황인데 당시 서른 살도 채 안 된 나는 앞이 보이지 않았다. 이 시기를 겪으며 힘든 일은 내 안에 두지만 말고 표출하는 일도 필요하다는 것을 배웠다. 속에 가둬 두면 병이 될 것 같은 경우엔 믿을 만한 사람을 붙잡고 울어도 보자. 상대에게 미안해하지 말고 고맙다 생각하자. 언젠가는 내가 그 역할을 해줄 수도 있기 때문이다. 세상은 함께 살아가는 것이다.

두 번째는 불과 얼마 되지 않은 최근의 일이다. 믿었던 주변 사람에 대한 신뢰가 도미노처럼 무너졌다. 태어나 처음으로 금전적인 문제에도 엮이게 되었다. 어느 정도 인간관계를 잘 맺어왔다고 생각했는데, 작정하고 근본이 나쁜 사람들은 당해낼 수 없었다. 겨우 버티고 있던 와중에 사랑하는 할머니가 돌아가셨다. 어른이 되어 주어진 삶이 바쁘단 핑계로 자주 뵙지는 못했지만 할머니는 내게 따뜻함이었고 언제나 든든한 내 편이었다. 코로나 후유증으로 단기간에 급격히 건강이 나빠지셨고 결국 곁을 떠나셨다. 매번 만날 때마다 "진아 다리 참 크다. 코끼리만 하다" 하시면서 조물조물 손으로 주물러주셨다. 늘 엄마에게 감사한 마음을 가지고 잘하라는 말씀을 해주신 세상에 둘도 없이 선한 분이셨다. 힘든 와중에 맞닥뜨리게 된 할머니와의 이별은 감당이 어려웠다.

당시에 만나던 연인에게 모든 걸 털어놓고 기대고 싶었지만 그가 곁을 내어주지 않아 더 힘들었던 것 같다. 다행히도 나에게는 둘도 없는 친구들이 있었다. 밤이고 새벽이고 연락을 해 내 안부를 살폈고, 혼자 견디기 힘든 밤이면 달려와 함께 지새웠다. 힘내라, 이겨내라는 말 대신 "나라면 버티지 못할 거야. 너는 정말 잘하고 있어. 울어도 괜찮아. 널 위해 매일 기도해. 내가 해줄 수 있는 건 이것뿐이라 미안해"라고 말해주었다.

이 당시 책도 참 많이 읽었다. 스스로 자책하지 않고 객관적으로 상황을 바라보고 판단하기 위해 부단히도 노력했다. 기도의 시간과 빈도도 늘렸다. 이 시기를 겪으면서 혼자의 노력과 주변 사람들의 도움이 함께 이뤄지면 좀 더 단단한 무언가가 만들어지고 힘든 상황을 이겨내기가 수월해진다는 것을 배웠다.

주변에 도움을 줄 친구가 없다고? 그럼 책에 좀 더 기대기를 바란다. 그리고 전문가를 찾자. 어쩌면 전문가의 해결책이 문제 해결의 지름길이 될 수도 있다. 몸이 아프면 내과를 가는 것처럼 마음이 아프면 정신건강의학과를 가자. 어려울 것도, 무서울 것도 없다. 이겨낼 수 있을 만큼의 고통이 주어진다고 생각한다. 견디기가 정말 힘든 상황이라면, 내가 큰 문제를 감당할 만큼 큰 사람이구나 생각해보자. 정말 도움이 되더라, 이 짧고 간단한 생각이. 살면서 수없이 많은 일이 생길 것이다. 그러나 나는 이제 적어도 무섭지는 않다. 하나씩 찬찬히 들여다보고 마음을 다잡을 수 있다.

힘든 것들을 바로바로 풀어내 마음에 쌓이지 않는 사람이 있고, 나처럼 나도 모르게 어느 순간까지 문제가 쌓였다 한 번씩 해소가 필요한 사람이 있다. 그 유형은 개인마다 다르다고 생각한다. 하지만 중요한 것은 스스로 해결할 수 없는 범위가 어디까지인지 인식하고, 신호가 왔을 때는 주저 없이 도움을 받으라는 것이다. 물론, 너무 자주 습관적으로 행해서는 안 되겠지만, 적어도 다른 이의 도움을 받는 것에 부끄러움을 느끼거나 움츠리지 않았으면 한다.

정정엽 광화문숲 정신건강의학과 원장은 《정신의학신문》에 "우리는 살면서 다양한 인간관계를 맺고, 이런 관계 안에서 연결감, 소속감, 친밀감, 인정과 같은 정서적 측면부터, 신체적, 물질적 측면까지 지원을 주고받는데 이를 전문용어로 '사회적 지지social support'라고 한다. 누군가 내 이야기를 들어주며 곁에 있어 준다는 사실은 우리에게 많은 힘과 위로가 되며, 스트레스를 낮춰주고 우울증을 비롯한 심리적 어려움을 예방하고 완화해주는 효과가 있다"고 말했다. 또한 "신뢰할 수 있는 사람에게 상황을 알리고 필요한 도움을 요청할 수 있는 것은 중요한 심리적 자원 중 하나 이며 심리학에서는 이를 도움 추구 행동help-seeking behavior이라고 한다. 서로에게 연결되고 기대며 기댈 수 있는 존재로서 살아갈 때 비로소 안정감과 충만함을 느낀다"고 전했다(《여러분은 힘들 때 누구에게 도움을 요청하시나요?》,《정신의학신문》, 2022년 9월 13일자). 그러니 혼자 끙끙거리는 일이 생기면 말해보자. "저 좀 도와주세요!"

ACTION POINT!

지금 나에게 닥친 힘든 일이 있는가? 먼저 부정적인 감정이 스스로 감당할 수 있는 정도인지 파악하자. 감당이 불가한 상황이라면 주변에 믿을 만한 사람이 있는지 살핀다. 있으면 행운이고 없다고 해서 비관할 필요 없다. 주저하지 말고 정신과 상담을 받아보자. 상담 비용이 없다고? 그래도 괜찮다. 요즘은 국가에서 운영하는 무료 상담도 있다. 그러니 찾아서 도움을 받길 바란다. 곧 좋아질 것이다.

PART 2

ONE Shot

출근 후

ONE Kill

3장

'일잘러'의 태도

정답은 있다. 일을 잘하기 위해서 꼭 필요한 것이 무엇인지 묻는다면 '태도'라 말한다. 지금까지 수많은 사람이 나에게 이 질문을 했고, 답은 늘 같았다. 태도는 업무에 대한 태도이기도 하고, 회사를 인식하는 태도이기도 하며, 동료에게 영향을 미치는 태도이기도 하다.

업무에 대한 태도는 책임감을 바탕으로 맡은 업무를 긍정적이고 건설적인 방향으로 설계하고 실행하는 것이다. "어차피 하다가 중지될 것 같은데요." "저희가 오너도 아니고 대표님도 아닌데, 열심히 하는 것이 의미가 있나요?" 이런 말들을 종종 듣는다. 제발 본인의 멍청함을 스스로 광고하지 말자. 이런 사람에게는 절대 중요한 일을 맡기지 않는다. 그리고 좀 더 냉정하게 말하면, 월급받을 자격도 없다. 월급을 받는다는 것은 맡은 바에 최선을 다한다는 것이다.

이런 의견을 말하면 반발하는 사람들이 대부분이기에 입 밖으로 꺼내지는 않는다. "사측이 좋아할 스타일이야"라는 말을 들은 이후로는 더더욱. 상대할 가치를 느끼지 못해 대답하지 않았지만, 나의 의도는 회사를 대변하는 것이 아니다. 중심을 나에게 두어야 한다. 회사에 다니고 있는 지금은 다시 돌아오지 않을 소중한 나의 시간이다. 그 소중한 시간 안에서 스스로 발전할 수 있도록 회사를 최대한 이용하라는 것이다. 주어진 업무에 책임을 다하고, 나아가 성공적인 결과를 만들어내는 것은 습관이 된다. 습관은 비단 회사 업무뿐만 아니라, 자연히 일상생활에 연계되어 크고 작은 내 삶의 성공 발판이 될 것이다.

업무에 대해 가벼운 태도를 가지고 있는데 회사에 대한 인식이 좋을 리는 만무하다. 그러나 회사를 좋아하지는 않더라도, 회사 덕분에 생계를 유지하고 있음을 한번씩은 떠올릴 수 있어야 한다. 애사심을 가지라는 말이 아니다. 이직이 자연스러운 요즘 그건 너무나도 교과서적인 말이다. 매일 해야 하는 출퇴근이 곤욕이라면 어떻게 행복할 수 있겠는가. 업무와 회사를 가볍게 여기면서 동료들에게 좋은 영향을 미칠 확률은 낮다. 만약 그런 사람이 주변에 많다면 나도 비슷한 사람이구나 생각하고 거기에서 벗어나길 바란다. 가랑비에 옷 젖듯이 함께 못난 사람이 된다. 다른 회사로 가더라도 오랫동안 함께 일하고 싶은 사람은 결국, 태도가 좋은 사람이다. 아무리 일을 잘해도 태도가 좋지 않은 사람과는 결정적 순간에는 거리를 두게 된다.

정답은 없다. 사실 일을 잘한다는 기준이 무엇인지 잘 모르겠다. 기준을 모르겠으니 특별한 기술이 있다는 것도 말이 안 된다. 첫 장에 말한 것처럼 작은 것들을 하나씩 세팅하여 실천하다 보니, 어느새 주변 사람들이 나를 소위 '일잘러'로 부르고 있었다. 동료들의 피드백을 공유하고자 한다. 어떤 분야의 어떤 직무에도 해당하는 기본이니 하나씩 본인이 편한 방법으로 발전시켜 습관으로 만들기를 바란다.

노력하지 않고 결과를 바라는 것은 도둑질

: 성실함과 책임감

    물건을 훔치는 것만이 도둑질이 아니다. 충분히 노력하지 않고 좋은 결과를 바라는 것도 도둑질이다. 취직 후 지금까지, 회사 업무만 하면서 지낸 적 없다. 취미를 가지거나 여행을 다녔다는 의미가 아니다. 일과 관련한 다양한 공부를 병행했고, 어떤 기간에는 주어진 일을 더 잘 해내기 위해서 미친 듯이 일에만 몰입했다. 다양하게 쏟아지는 업무에 중심과 균형이 와르르 무너진 최근 1년은 제외한다. 반성 중이며 다잡기 위해 노력 중이다.

    삶과 일의 균형을 의미하는 '워라밸'을 너도나도 추구하는 요즘, 어쩌면 비난을 살 수 있는 말이다. 하지만 나는 노력하지 않고도 좋은 결과를 만들어낼 만큼 똑똑하지 않고, 그 방법도 모르기 때문에 이렇게 말한다. 내 경험상 일정 기간 미친 듯이 노력하고 집중했을 때에만 성공적인 결과가 따라왔다. 일을 잘하기 위해서는 일정 기간 일과 관련한 것들에 투자하고 투입하는 시간이 필요하다.

첫 직장으로 누구나 부러워하는 대기업에 입사했다. 그것도 대학교 4학년 1학기 막바지에. 입사하고 인사팀 대리님이 알려주길 2천 명 가까이 서류를 지원했는데 나를 포함한 4명이 우리 계열사에 최종 합격했다고 한다. 대리님은 믿거나 말거나 입사 과정에서 나의 PT 발표 점수가 가장 높았다고 '엄지 척'을 해주었다. 그해 그룹 전체 공채 합격 인원은 330명 정도였다.

여러 교육과정을 거치고, 모든 계열사 대표님들이 모인 신입사원 '웰컴 파티'는 공교롭게도 내 생일과 같은 날에 치러졌다. 모두의 축하를 받으며 연회장 단상에서 회장님과 케이크 커팅식을 했고, 대표님들이 나와 악수하며 축하해주었다. 대학 졸업식에서는 상사들이 찾아와 직접 축하도 해준 예쁨받는 막내였다. 첫 직장의 모습을 상세히 묘사한 이유가 있다. 이곳에서 기업의 시스템을 배웠고, 글로벌 인재들과 일하며 세계가 넓다는 것을 깨달았다. 나에게 주어진 일뿐만 아니라 공부하고 공부한 것을 일에 접목하며 업무 역량을 확장했다. 돌아보면 참 고마운 회사이기에 이렇게나마 기록하고 싶다. 나에게 좋은 바탕을 만들어준 첫 번째 회사가 앞으로도 잘되기를 바란다.

회사에 출근하기 전, 근처 중국어 학원에서 새벽 타임 수업을 수강했다. 외국인들과 일하면서 영어와 중국어를 동시에 할 수 있는 것은 나의 큰 강점이었고, 이 점은 일하는 것을 신나게 만들었다. 마케터는 고객이 원하는 모든 것을 제공할 수 있어야 한다며, 당시 상무님은 일러스트(디자인 프로그램)를 배우게 했다. 그렇게 한동안 토요일에는 4시간씩 일러스트 학원에 다녔다. 모든 분야에 전문가가 될 수는 없지만, 관련 업무가 어떤 방법으로 얼마만큼의 기간으로 이행되는지 알아야 전체적인 업무 운영이 수월하다는 것을 배웠다. 이는 점차 사업 전체 영역을 바라보게 하는 시각을 장착하게 도와주었다.

담당 브랜드가 바뀌고 3~4년 동안은 업무 성과를 내고 싶어 매일 새벽까지 일했다. 인생에 단 한 번쯤은 하고 싶은 만큼 제대로 일해서 성과로 남기고 싶었다. 어려움 속에서도 나에게 기회를 준 직속 상사에게 보답하고 싶은 마음도 컸다. 마케터로서 세상에 흔적 하나는 남기고 싶다는 겁 없는 패기도 있었다. 업무 역량이 가장 많이 확장되고 성과도 따라왔던 시기다. 온오프라인 마케팅 캠페인 기획뿐만 아니라 데이터 분석, 제품 콘셉트 개발, 고객 데이터 수집, 매출·손익 FCST(예측) 등의 영역을 모두 스터디하여 나만의 형식을 구축했다.

그뿐만 아니라 회사에서 설문을 진행할 비용이 충분하지 않다고 하기에, 고객 설문 모더레이팅 수업을 듣고, 익히고 연습하여 직접 설문을 여러 차례 운영하기도 했다. 딱 "죽을 것 같이 힘들다"라고 말할 때 예측한 대로 성공적인 성과가 도미노처럼 도출되었다. 고민을 하다가 잠들면 그 고민이 꿈속까지 연결된 적이 비일비재했고, 제품 이름이 꿈속에 나타나 실제로 그 이름으로 제품을 론칭하는 일도 있었다.

해외 현지 법인에서 일하는 동안은 관세사 공부를 병행했고, 한국에 돌아와서는 업무 관련 석사 공부를 병행했다. 외국어를 쓸 일이 줄어들면 전화 영어 수업을 하루 10분씩이라도 이어가며 손에 놓지 않으려 노력했다. 내가 기억하는 한 하루 8시간만 일했던 적은 한순간도 없었다. 소위 말하는 일중독자였다. 아이러니하게도 지금은 일로 스트레스받지 않는다. 일상의 모든 것이 업무와 겹쳐도 즐거운 상태가 되었다.

요즘은 업무 범위를 의식적으로 조금이라도 줄이고 일상과의 균형을 맞추려 노력한다. 일에만 몰두하다 깨지고 놓친 것들이 발견되었기 때문이다. 체력이 힘든 것도 느끼고, 건강의 소중함도 깨닫는다. 아무것도 모르고 달렸던 1막과는 달리, 좀 더 큰 범위의 내 삶을 염두에 두면서 주변을 즐기는 2막을 시작했다. 분명한 건 몰두하고 달렸던 1막이 있기에 지금이 가능하다는 것도 안다.

아직도 후배들이 묻는다. 어떻게 하면 좋은 성과를 낼 수 있느냐고. "미친 듯이 노력하면 하늘이 감동해서 '옛다! 하나 해라!'

하고 주는 것 같다"고, 그걸 알기에 스스로 속이는 행동은 하지 않는다고 답한다. 앞으로도 대답은 같을 것이다. 일을 통해 일상에 주어진 과제도 성실하고 끝까지 책임감 있게 해야 함을 배웠다. 그리고 믿는다. 무엇이든 노력하지 않고 바라는 것은 도둑질이라는 것을.

───── **ACTION POINT!** ─────

왕도는 없다. 작은 성공부터 직접 경험해봐야 한다. 단, 전제는 나와 같은 평범한 사람이라는 것. 똑똑하고 뛰어난 사람들은 더 좋은 노하우를 가지고 있을지도 모른다. 하지만 당신이 나와 같이 평범하다면 매일 끈기 있게 노력하는 것부터 해보기를 바란다. 오늘 자고 일어난 이부자리 정리는 했는가? 그렇지 않다면 그것부터 해보자. 하루를 열심히 살고 깨끗하게 씻은 후, 눕기 전에 산뜻하고 정돈된 기분 좋음을 느끼게 될 것이다.

한눈에 그리는 오늘 하루

: To-do 리스트

'To-do 리스트' 작성은 회사에 출근하면 가장 먼저 하는 일이다. 팀원들과 공유하는 캘린더 시트가 있지만, 중요한 사항은 꼭 손으로 한 번 더 작성한다. 첫 직장의 출근 첫날부터 작성해왔고, 세월이 지나면서 업그레이드되었다. 다양한 정리 프로그램이 있지만 손으로 쓰기를 고집한다. 단순히 업무만 고려하는 것이 아니라, 하루를 어떻게 보낼 것인지 여유 있게 떠올려보고 다짐하는 시간이기 때문이다. 30분 단위로 잡혀 있는 갖가지 주제의 미팅과 업무를 시작하기 전에, 스스로 다짐하고 가다듬는 행복한 의식이다. 짧게는 5분, 길게는 10분밖에 걸리지 않지만, 하루 중 가장 중요한 과정이다.

처음에는 업무를 놓치지 않기 위해 일과를 작성했다. 작성하다 보니 오전과 오후로 나누게 되었고, 그 안에서 우선순위 표기를 추가했다. 그러다가 업무 외에 사적으로 챙겨야 할 것들이 추가되었다. 저녁 일정이 추가되기도 하고, 퇴근길에 잊지 말고 사야 할 것들을 적기도 한다. 가족이나 친구와의 연락, 공과금 납부 같은 것들도 쓴다. 몸담은 회사 비즈니스 특성에 따라, 매일 확인해야 하는 지표들을 쓰는 시기도 있다. 예를 들면 매장을 운영하는 브랜드의 경우, 전날의 매출과 오늘 예상 매출, 전월과 전년 수치는 매일 확인하고 알고 있어야 하는데, 이런 것들은 빨간색 볼펜으로 윗줄에 쓴다.

| 우선순위 정하기 |

To Do 리스트

2025년 4월 10일　　**무조건 즐겁게 웃기**　:)

　1 팀 미팅 | 9:00~10:00　　　　　　　　　　　　　**오전**
✓ **2** 프로젝트 팀별 미팅 | 10:30~11:30
✓ **3** 미팅 준비: 프로젝트 리뷰 파일 엑셀 정리
　4 회의록 작성 및 유관부서 공유

✓ **5** 신규 온라인 기획안 작성
✓ **6** 기획안 1차 보고
　7 기획안 업데이트 및 메일 공유
　8 매출 분석 및 보고: 전주, 전월, 전년 대비　　a. 저녁 운동 · 8:30
　　　　　　　　　　　　　　　　　　　　　　　b. 책 읽기 · 1장

그리고 리스트의 하이라이트는 '오늘 하루의 콘셉트'다. 매일 행복하고 좋은 일만 일어날 수는 없다. 또한 모든 사람이 친절하기도 불가능하다. 그렇기에 외부 요인에 휘둘리지 않고, 나의 오늘을 지켜내기 위해 그날 하루의 성격을 미리 정해버린다. 잊지 않기 위해 강조하여 쓴다. 리스트는 회사에 있는 모든 순간 가지고 다닌다. 요즘은 2가지 내용을 쓴다. 말과 행동을 조심하는 문구와 오늘 정한 콘셉트다. 무의식 중에 풀어지거나 상황에 휩쓸릴 것 같으면 문구를 보며 아침의 다짐을 떠올린다. 힘든 일이 많은 날이면, 작은 한 줄이 하루를 버티게 하는 힘이 되어 주기도 한다. 꼭 이 방법이 아니더라도 하루에 한 번 더 웃을 수 있는 나만의 장치를 추가해보자. 리스트를 잘 정리했다면 오늘을 알차고 건설적으로 보낼 일만 남았다.

ACTION POINT!

STEP 1 해야 할 업무 리스트 나열과 구분

왼쪽에 좌측 정렬로 숫자를 쓰고 오늘 해야 할 일을 쭉 쓴다. 잘 정리하려 애쓰지 말고 생각나는 대로 써 내려간다. 그 후에 오전과 오후를 구분하여 리스트 오른쪽 끝에 기입한다. 나는 대개 오전만 쓰는 편이다. 오전, 오후 각각 우선순위 업무를 숫자로 표기한다. 오늘 해야 할 업무를 모두 정리했으면 다음 단계로 넘어가자.

STEP 2 사적으로 챙겨야 할 내용 정리

오른쪽 남는 공간에 소문자 알파벳으로 업무 외 챙겨야 할 내용을 쓴다. 서비스 상담 문의나 경조사의 경우 불가피하게 업무 시간에 챙겨야 하기도 한다. 그런 것들은 왼쪽 업무 내용을 살펴본 후 여유 시간을 확인해 추가 표기해둔다.

STEP 3 오늘 하루의 콘셉트 정하기

'기분이 태도'가 되는 상사를 보면 나도 저 모습이 나오지 않을까 경계한다. 그래서 말과 관련한 짧은 문구를 쓰고, 오늘의 콘셉트를 함께 기재한다. 오늘의 콘셉트는 대부분 웃는 것과 관련한다. 피할 수 없는 하루를 이왕이면 웃으면서 즐겁게 일하며 보내고 싶다. 힘든 업무를 해야 할 때도 있는데, 긍정 문구를 보면 긍정적 회로가 먼저 돌아가서 도움을 받게 된다. 특별한 문구를 쓸 때도 있다. 뚜렷한 목표가 서 있는 기간, 예를 들어 몸이 무거워지는 것이 느껴진다면 '군것질 금지'를 쓰고, 매일 읽어야 하는 책을 읽지 않았으면 '점심시간 독서 지키기'를 쓴다. 요즘엔 '내가 중심이 되기'라는 문장을 많이 쓴다. 거절을 어려워하고 손해를 보더라도 남을 배려하는 성격 때문이다. 어떤 선택과 결정에서도 내가 중심이기를 바라는 요즘이다.

STEP 4 기타 추가 사항

회사에서 챙겨야 할 비즈니스 주요 지표들을 반영하고 마무리한다.

문서는 나의 얼굴

: 문서 정리

"거울아 거울아, 세상에서 누가 제일 예쁘니?" 문서 작성의 중요성에 대한 강의를 시작할 때마다 첫 장에서는 이 문장을 보여준다. 백설공주 만화 속 대사이지만, 문서가 무엇을 의미하는지 생각해보기에 좋다. 회사에서 작성하는 문서는 단순한 종이가 아니다. 내가 없을 때 나를 대신하는 역할을 한다. 즉 문서에는 업무에 대한 태도가 나타나며 개인적인 성격까지 반영된다. 실제로 나는 문서를 통해 작성자에 대한 힌트를 얻는다.

확대해석이나 성급한 일반화의 오류라고 말할 수도 있다. 물론 100%는 아니지만 말 그대로 추측은 가능하다는 의미다. 가령 회의에서 2명의 동료에게 회의록 작성을 요청했다. 한 명은 본인만의 회의록 작성 형식을 이미 가지고 있다. 회의가 진행된 일시와 장소, 참석인과 회의 내용을 분류하여 문구를 일목요연하게 기입한다. 질의응답이나 발언이 있었다면 이름을 추가 기입하고, 기한이 필요하다면 반영한다. 다음 회의에 논의할 안건까지 마지막 줄에 쓰고 공통 과제나 중요 주의 사항을 강조하는 마킹을 한다. 반면 다른 한 명은 회의록을 서술형으로 마치 소설을 쓰는 것처럼 줄줄 작성했다. 시간의 흐름이라도 지켜주었으면 좋겠지만, 그것조차 왔다 갔다 한다. 띄어쓰기 등 기본 맞춤법이 틀리는 경우도 있다.

첫 번째 동료의 회의록을 보는 순간 드는 생각은 "정리 잘했네. 기본적인 업무는 믿고 맡겨도 되겠네"다. 이런 생각이 다른 업무 문서를 보면서도 든다면 점차 중요한 일을 맡게 된다. 또한 문장을 쓰는 데 사용한 단어를 보면 그 사람이 일상에서 독서를 하는지, 일에 대한 센스가 있는지 알 수 있다. 적절한 문구를 함축적으로 잘 쓰는 사람은 평소에 책과 가까이 지내고 중요한 내용을 파악할 수 있는 능력이 있다고 나는 생각한다.

보고 메일에 소설 같은 회의록을 작성한 동료에게는 회의록 작성을 요청하지 않는다. 한정된 시간 안에 많은 업무를 진행해야 하는데 굳이 못하는 사람에게 일을 시킬 필요는 없다. 단, 주니어라면 얘기가 달라진다. 회의록 작성이 왜 중요하며, 어떻게 작성하는지 노하우를 알려주고, 본인만의 형식을 구축할 수 있게 도와준다.

눈치챘는지 모르겠지만 첫 번째 동료의 예시는 내가 회의록을 작성하는 방법을 적은 것이다. 팁을 추가하자면, 단편적인 회의록 작성으로 일을 끝내지 않고 엑셀 시트에 업무 주제별로 나누어 연관 회의록을 쌓아가는 것이다. 회사는 시스템과 누적된 데이터, 정보들로 굴러간다. 아무리 작은 업무라도 내가 아닌 누군가가 중간에 투입되었을 때, 한눈에 히스토리를 파악할 수 있게 해두어야 한다. 그것이 개별 구성원들의 기본 의무이자 회사가 발전할 수 있는 토대다.

회사에만 좋은 것은 아니다. 나에게도 이득이다. 한 사람이 하나의 일만 하는 회사는 존재하지 않는다. 그렇기 때문에 잊지 않고 사실 관계를 명확하게 확인하는 데는 회의록이 좋다. 나는 회의에서 가장 중요한 부분을 빨간색으로 다음 과제를 파란색으로 표시해둔다. 시간이 없을 때는 표시한 두 색만 선별 확인하여 내용을 파악하면 된다.

회의록 하나 작성하는 데에도 이렇게 챙겨야 할 게 많다. 지금부터 기본적인 메일과 보고용 PPT, 보고용 엑셀 작성 노하우를 공유하려 한다. 요즘은 업무를 정리하고 소통하는 다양한 프로그램이 있다. 기본적인 문서 작성법에 대해 얘기하면 노션이나 플로우, 슬랙 등을 예로 들며 내가 기술 발달에 따라가지 못하는, 소위 '노땅' 같다고 말하는 동료도 있다. 여러 번 말하지만 제발 명청하다고 스스로 광고하지 말자. 회의록, 메일, PPT, 엑셀 등과 같은 기본 문서에 대한 나만의 작성 노하우가 탄탄하게 자리 잡고 있어야 어떤 다양한 프로그램을 써도 기본이 무너지지 않는다.

내 설명을 있는 그대로 받아들이지 말고, 좋은 점만 뽑아 지금 업무에서 주로 활용하고 있는 최신 프로그램에 접목하자. 앞뒤가 막힌 태도에는 답이 없다. 기본의 의미와 중요성을 인식하고 본인만의 사고를 탄탄하게 구축하여 열린 마음으로 변화하는 다양한 프로그램에 적용해나가자.

단축키를 현란하게 사용하면 업무 시간도 줄고 좋겠지만, 나도 여전히 서툴러서 계속 배우고 있다. 이 부분은 주변에 잘하는 사람에게 배우길 바라고, 내가 고민해온 부분을 중심으로 정리해본다.

회사 소통의 기본, 메일 작성하기

너무 기본적인 사항이라 알려줄 필요가 있을까 고민했지만, 오히려 기본적인 사항이라 알려주는 사람이 없다는 사실을 알았다. 지금 내가 몸담은 회사도 이 분야에서는 한국에서 가장 큰 대기업이다. 함께 일하는 주니어 팀원들은 물론이고, 시니어 팀원들에게도 수신자와 발신자를 지정해서 알려줘야 할 때가 많다. 어찌 되었든 메일을 보내기만 하면 되는 것 아니냐는 부정적인 생각은 넣어두길 바란다. 별거 아닌 작은 부분이지만 동료들에게 일 잘한다는 시그널을 보여줄 수 있다면 하지 않을 이유가 없다. 상사의 입장에서 생각해보면 좀 더 이해가 된다. 수많은 보고와 공유 메일을 받는데 제목만 보아도 눈에 띄고 누가 보냈는지 인지가 된다면 그 메일에 먼저 눈이 갈 것이다. 기본 구성과 예시를 통해 스마트한 메일 쓰기를 실현해보자.

| 이메일 예시 ① |

---

1. **제목**: [목적·필요사항] 주요 내용을 파악할 수 있는 제목

2. **받는 사람**: 직접 관계자

   참조: 간접 관계자(직급별 오름차순 또는 내림차순)

3. **본문 구성**
   - 받는 사람 정보와 간략한 인사
   - 메일 전체 내용을 요약한 문장
   - 목적, 현황, 이슈 사항, Next Step 등 주요 내용
   - 간략한 마무리 인사

• **제목**: 대괄호 [ ]를 써서 메일의 목적을 쓴다. 소괄호 ( ), 중괄호 { }도 있지만, 나는 명확하게 각이 있는 것이 깔끔하고 좋다.

대괄호 안에는 목적과 필요사항을 써서 받는 사람이 쉽게 인지할 수 있도록 한다. 동료에게 단순한 내용을 공유한다면 [공유], 공유 내용에 대한 읽는 사람의 의견이나 행동이 요구되면 [공유/요청]이라 쓴다. 상사에게 보고하는 내용이라면 [보고]라고 쓰고, 보고 내용에 대한 컨펌이 필요한 사항이라면 [보고/컨펌]이라고 쓴다. 제목은 간결하게 메일 전체 내용을 파악할 수 있는 문구로 쓴다. 문장이 아니다. 예를 들면 "[보고/컨펌] 신제품 '꿈돌이 커피' 런칭 현황"과 같이 되는 것이다.

- **수신자와 참조자** : 수신자는 메일 본문에 직접적으로 연관된 사람들을 반영한다. 간접적인 사람들은 참조자로 반영하는데, 업무 진행 내용을 알아야 하는 상사 또는 담당자가 해당한다. 부득이하게 미팅에 참석하지 못한 인원들도 참조자에 해당한다. 좀 더 구체적인 예시를 들면, 정기 주간 미팅에 참석하는 인원은 A, B, C 3명이다. C가 이번 주 미팅에 참석하지 못했고, 나머지 2명만 미팅을 진행했다. A가 회의록을 작성했다면 수신자는 B이고, 참조자는 C다. 회의 내용이 중요하여 상사의 확인이 필요하다면 상사 D도 참조자에 반영한다. 수신자와 참조자가 여러 명인 경우에는 직급별로 오름차순 또는 내림차순으로 반영한다. 요즘은 직급이 나누어져 있지 않은 경우도 많은데

그래도 팀원과 팀장, 임원은 구분되어 있다. 오름차순이나 내림차순으로 반영하는 것은 꼭 지키지 않아도 무관하지만, 개인적으로는 존중과 예의라고 생각하여 지키는 편이다.

• **본문 쓰기** : 구어체가 아닌 문서에 맞는 어조를 사용할 것을 추천한다. 일목요연하게 반영하여 전달하고자 하는 내용이 명확해야 한다. "하이 안녕하세요" "이것 좀 도와줘요" 등등의 표현을 쓰는 것을 본 적 있다. 메일로 표현되는 업무 내용은 개인의 감정 표현 수단이 아니며, 본인의 수준을 나타낸다는 것을 잊지 말자. 잘 작성된 메일을 보면 업무에 대한 피로감이 줄어든다. 첫인사와 끝인사는 한두 줄의 짧은 문장으로 충분하다. 주요 내용은 가능한 한 문구로 표현한다. 추가 설명이 필요한 사항에만 문장을 첨언한다. 중요 기한이 반영되면 별색으로 강조한다.

'이메일 예시 ②'는 직접 작성한 메일이다. 카테고리를 나누어 일목요연하게 작성하고자 했고, 인지가 용이하도록 표를 활용했다. 다음 단계에 챙겨야 할 사항을 별도 첨언하여 누락이 없게끔 했다.

| 이메일 예시 ② |

[공유/요청] 대상자(A, B) 연차 발생 내용

받는 사람 : 개발팀 팀장, 마케팅팀 팀장
참조 : 개발팀 이사, 마케팅팀 이사, 유관 담당자

안녕하세요. 인사팀 ○○○입니다.

구두로 전달드렸던 사항 하기와 같이 정리드립니다.

1. 안건 : 대상자(개발팀 팀원 A, 마케팅 팀원 B)

2. 현황 : 주 3일 출근자에 대한 휴가 사용 현황 및 관리 요청

3. 확인 사항 : 하기 휴가 사용 현황 참고

이름	총 휴가日	총 휴가時	사용 휴가日	사용 휴가時	잔여 휴가時
A	8	40	2.5	20	20
B	8	40	5	40	0

4. Next Step : 초과 휴가 사용일은 내년 휴가일에서 차감

감사합니다.

○○○ 드림

보고용 PPT 만들기

한국 대기업은 회사마다 정해진 PPT 형식이 있다. 영역별 글씨체와 크기까지 정해져 있는 경우도 있다. 딱딱하고 유연성 없다 느낄 수 있지만, 찬찬히 살펴보면 배울 부분이 많다. 1년에 한 번 작성하는 중장기 전략 보고안의 경우는 종합선물세트 같다. 사업 전반의 모든 내용을 다루기 때문에 다양한 표현 방법을 사용한다. 또한 모든 계열사가 통일된 형식을 사용하기 때문에 한 눈에 잘 보이도록 짜여 있다. 최상위 오너나 대표가 확인하는 자료로 수십 번의 수정을 거쳐 다듬어졌기 때문에 사용하는 단어 또한 군더더기가 없다.

다음의 PPT 예시는 상세 내용은 변경했지만, 실제로 사용하던 형식이다. 15년 전 자료를 기반으로 수정했는데 지금 그대로 활용해도 손색이 없다. 지금 내가 작성하는 모든 보고 및 발표용 PPT는 이 파일의 형식을 골조로 업그레이드된 것이다. 잊고 지냈던 이 파일을 다시 열어 보면서 지금 내 자료들과 비슷하여 새삼 놀랐고, 기본기를 탄탄하게 배울 수 있었음에 감사한다. 키포인트들을 하나씩 살펴보자.

- **글씨체와 크기** : 본인을 표현할 수 있는 국문과 영문 글씨체가 1~2개 정도 있는 것이 좋다. 상사나 회사가 원하는 서체가 정

중장기 전략 Road Map

'11년 Operation System Rebuild를 통해 Product 및 Service의 Quality를 회복하여 성장 기반을 재정비하고, 중장기적으로는 Operation System 안정화와 New Growth Layer 확립을 통하여 Premium Chicken Restaurant을 시현하고자 함

성장 기반 재정비('11년)	Brand Equity 강화 ('12~'13년)	Premium Chicken Restaurant('14~'15년)
• **Operation System Rebuild** - 근무 환경 개선 및 근속 프로그램 운영으로 직원 만족도 향상 - 프로세스 개선으로 서비스 및 제품 품질 향상 - 현장 교육 강화로 Customer Mania 양성 - EHS 예방활동 강화로 무재해 달성 - Masstige Store 오픈 집중 - 신규 인테리어(Bucket Attitude) 디자인 적용 • **Product Layer 강화** - 대표 제품 리뉴얼 - 스낵 제품 다양화 - Brand Thematic Campaign 지속	• **Operation System 안정화** - 지속적인 근무 환경 개선으로 직원 만족도 향상 - 교육 프로그램 실행으로 서비스 역량 강화 - EHS 예방관리 시스템 정착 • **핵심 상권 내 Prime Site 확보** - Prime Site 개발 확대 - Ambience 개선으로 Brand Equity 강화 • **고객 Needs에 부합하는 신 성장 동력 확보** - New Growth Product Layer 도입 - 판매 채널 다양화	• **안정된 Operation System을 기반으로 New Biz Model 진입** - Dining Restaurant • **Product Innovation 구현으로 QSR 시장 선도** - 기능성 신제품 개발 - 영양학적으로 균형 있는 제품 개발

매출 증대 전략

○○○는 '10년에 이어 매장 리모델링과 24Hr 영업 매장을 지속적으로 확대할 예정이며, Drive-Through는 '11년 제휴 파트너를 물색하고 '12년부터 테스트 매장을 운영하며 도입할 예정임

(단위: 개)	중점 추진 영역	'10년	'11년	'12~13년	'14~15년
Remodeling	• 신규 디자인 적용 (Bucket Attitude)	15	15	37	28
24Hr 영업	• 상업 지역, 역세권 신규 매장 오픈 시 24Hr 영업 도입 • 성수기 특별 운영	23 (16%)	23 (22%)	47 (27%)	60 (31%)
Drive-Through	• 고속도로 주요 IC 인근 및 주유소 제휴	-	-	3 (Pilot Test)	10 (5%)
Delivery Service					

해져 있다면 고민 없이 그것을 쓴다. 글자 크기 갯수는 되도록 적게 사용한다. 크기가 다양하면 시선이 분산되어 중요한 내용에 집중하기 어렵다. 제목, 중심 문장 요약, 본문 1~2개. 최대 4개를 넘기지 않고 작성한다. 강조하고 싶은 부분은 글씨

크기는 동일하게 두고 강조색을 사용한다. 훨씬 깔끔하고 정돈되면서 중요 사항이 잘 보인다. 직접 비교하고 확인해보기를 바란다.

- **글씨 색 종류** : 예시에는 무채색이 대부분이지만 이미지를 활용하는 경우도 많다. 그렇기에 꼭 강조해야 하는 부분에만 색을 쓴다. 어떤 문서라도 가장 중요한 목표는 '내가 전달하고자 하는 내용이 상대방에게 최대한 잘 전달되게 하는 것'임을 잊지 말자. PPT 내용에 따라 시그니처 색깔을 지정할 때가 있다. 그럴 경우 해당 색, 강조색, 무채색 이렇게 3가지 카테고리를 넘지 않는다. 이 또한 눈으로 비교하고 확인해보시길.

- **중심 문구** : 발표용 PPT라면 중심 문구를 쓰지 않을 때도 있다. 하지만 보고용 PPT 대부분에는 한두 줄의 중심 문구를 쓴다. 보고를 받는 입장이 되어보면 필요성을 더욱 많이 느낀다. 복잡하고 앞뒤 순서 없는 PPT를 보면 나도 모르게 튀어나오는 말이 있다. "그래서 말하고 싶은 내용이 무엇인가요?" 중심 문구는 딱 이 질문에 대한 답변이다. 장표 한 장, 한 장마다 전달하려는 내용이 명확해야 하며, 구두로 설명하지 않아도 파악할 수 있게 하는 것이 중심 문구다. 세부 내용과 겹치지는 않되 전체를 포괄하는 내용으로 작성한다. 같은 내용을 중복으로 쓸

필요가 없으니 세부 내용과 겹치지 않아야 한다는 말이다.

　그럼에도 불구하고 꼭 강조하고 싶어 한 번 더 써야 한다면 표현을 다르게 적용한다. 예를 들어 '23년 매출 500원', '24년 매출 550원'이라고 세부 내용을 표현했다면, 중심 문구는 '전년대비 10% 매출 상승'이라고 쓰면 된다. 중심 문구를 쓰는 것이 가장 어렵다고들 하는데 당연하다. 전달하고자 하는 내용을 함축적이고 전략적인 단어로 표현해야 하고, 앞뒤 중심 내용 간의 상호 연관성도 성립해야 하며, 세부 내용과 겹치지 않는 한 단계 포괄 범위가 설정되어야 한다. 잘 만들어진 문서를 스터디하고, 차근차근 연습하자. 하늘에서 뚝 떨어지는 것은 없다.

• **상세 내용 작성** : 전달 내용을 상세하게 표현하는 영역이다. 텍스트가 대부분인 대기업에서도 플로우 차트나 표를 변형하여 한눈에 보이도록 노력한다. 외국계나 스타트업에서는 상대적으로 이미지를 많이 사용하며, 마케팅 업무 영역 또한 다른 영역에 비해 참고 자료를 적극적으로 활용한다. 같은 그래프를 표현하더라도 자신만의 표현 방법을 구축하여 보고 내용의 성격에 맞게 사용하기를 권장한다.

| 이미지를 활용한 표현 예시 |

매장 확장 전략

1단계 | 서울, 플래그십 + 연중무휴 + 바이럴

플래그십 — **연중무휴** — **바이럴**

| 브랜드 상징성을 위해 3개의 플래그십 스토어 연속 오픈 | 사무실 구역, 외식 및 배달을 위한 주거 구역 | SNS, 인스타그램, 페이스북 사진 촬영 |

2단계 | 로드샵 + 주 7일 상업 구역 및 DT

잘 짜여진 전략과 실행을 통한 가시적인 매출 성장세

	전략	7월과 8월 동일한 매장 판매
전	• **매장 콘셉트** 공간별로 프라이버시가 보장되는 공간 • **메인 타겟** 회사 업무 관련 공간 • **메뉴** 코스 메뉴	
후	• **매장 콘셉트** 누구나 편안하게 이용할 수 있는 회전률 중심의 공간 & 배달을 통한 접근성 확대 • **메인 타겟** 직장인 및 인근 주민 • **메뉴** 단일 메뉴	

7월: 60% (2020 → 2021)
8월: 129% (2020 → 2021)

96 | PART 2 출근 후

보고용 엑셀 파일 만들기

보고받는 입장에서는 한눈에 인식되는 PPT 파일이 보기 좋다. 하지만 그만큼 물리적인 시간을 꽤 많이 투입해야 한다. 그래서 요즘은 대부분의 회사가 문서 간략화 제도를 실행하고 있고, 많이 쓰이는 문서 형태가 엑셀이다.

이미지가 없다고 해서 작성이 쉬운 것은 아니다. 어쩌면 아무것도 없이 내용만으로 설득해야 하기 때문에 진정한 승부가 될 수 있다. 동시에 고품질의 내용이라면 상대적으로 눈에 띄어 주목받기도 쉽다는 의미다. 다양한 종류의 내용이 담기겠지만 엑셀 또한 공통적으로 적용 가능한 기본 사항이 있다.

- **시트 구분하기** : 첫 번째 시트는 'Summary, 요약' 시트로 전체 내용이 일목요연하게 정리되어 있어야 한다. 발표나 보고할 때, 이 페이지를 중심으로 공유하는 것이다. 두 번째 시트부터는 상세 데이터나 정보를 보여준다. 첫 번째 시트에 정리한 내용 순서대로 필요한 상세 데이터와 정보를 보여주는 것이다. 시트의 이름은 본문 내용과 통일하면 찾아보기 쉽다.

- **내용 작성하기** : 엑셀 파일을 열면 맑은 고딕 글씨체에 글씨 크기는 11, 행높이는 16.9로 세팅되어 있다. 나는 열자마자 '눈

| 엑셀 파일 예시 |

HJ피자 메가피자 채널별 판매율 (단위: %)

▶ 배달 앱의 매출 및 고객만족도조사 결과가 다른 채널 대비 높게 나타남. 배달 앱을 주력 채널로 운영 검토.

		2025 (%)					
		1월	2월	3월	4월	5월	6월
메가 피자	전화 주문	6	6	6	7	6	6
	배달 앱	41	47	43	43	41	44
	온라인	38	30	31	30	31	27
	매장	15	17	21	20	22	23
	합계	100	100	100	100	100	100

		2025 (%)					
		1월	2월	3월	4월	5월	6월
프리미엄 피자	전화 주문	14	13	11	10	10	11
	배달 앱	28	32	34	31	31	30
	온라인	33	33	33	35	33	30
	매장	26	23	22	24	26	28
	합계	100	100	100	100	100	100

요약	고객만족도조사	채널별

▶ 제품 만족도 응답

구분	주문 채널	2025(건수)					
		1월	2월	3월	4월	5월	6월
프리미엄 피자	전화 주문	816	730	782	745	610	590
	배달 앱	1,615	1,958	2,250	1,886	1,437	1,396
	온라인	8,509	8,357	8,571	9,232	6,753	5,136
	매장	2,093	1,934	2,201	2,348	1,925	1,853
	합계	13,033	12,975	13,801	14,210	10,725	8,974
메가 피자	전화 주문	50	53	19	33	112	128
	배달 앱	277	360	263	248	618	686
	온라인	1,166	912	631	637	1,784	1,558
	매장	171	206	190	225	649	711
	합계	1,664	1,531	1,103	1,143	3,163	3,083

요약	고객만족도조사	채널별

- -

▶ 메가피자 단품/세트 채널별 판매율(%)

구분	주문 채널	1월	2월	3월	4월	5월	6월
세트	전화 주문	6	6	6	7	6	6
세트	배달 앱	48	53	45	48	43	47
세트	온라인	36	29	33	31	34	29
세트	매장	10	12	16	14	17	19
		100	100	100	100	100	100
단품	전화 주문	6	6	6	6	7	7
단품	배달 앱	30	37	39	31	32	31
단품	온라인	41	30	27	28	23	19
단품	매장	24	27	28	34	38	43
		100	100	100	100	100	100

요약	고객만족도조사	채널별

금선'을 지우고 행높이는 18 또는 20으로 세팅하며, A열은 공간을 답답하지 않을 정도로 비워둔다. 1번과 3번 행높이는 8~10으로 맞추고 2번 행높이는 글씨 크기 14~16에 맞게 바꾼다. 2번 행에는 보고 내용의 전체 포괄 제목을 쓰고 볼드체로 강조한다. 엑셀 파일을 열자마자 손이 먼저 움직이는 나만의 1차 세팅이다.

지금은 문서 작성 방법을 서너 줄로 요약하여 알려줄 수 있고, 문서 작성 전 형식을 세팅하기까지는 20초면 충분하다. 하지만 이렇게 되기까지 많은 고민과 테스트 과정을 거쳤다. 모든 회사가 그렇겠지만 나 또한 입사 후 수많은 보고를 했다. 회사 공통 품의서에는 정해진 양식이 있었지만, 그 외 보고들은 비교적 문서 형식이 자유로웠다. 데이터를 함께 분석해야 했기에 자연스레 엑셀을 활용하게 되었다. 파일로 메일 보고도 했지만, 메일을 보내기 전후에 주요 장표는 프린트해 직접 대면 보고했다. 선배들이 썼던 파일들을 활용했지만, 프린트하고 보면 줄 간격도 답답하고 누가 만든 문서인지도 인지하기 어려웠다. 보기 좋은 떡이 먹기도 좋다고, 보는 사람의 눈에 거슬림 없이 잘 보여야 내가 전달하는 내용을 100% 잘 이해해주지 않을까 생각했다.

즉 내가 보고할 내용을 한 번에 승인받고 야근하지 않기 위해서는 문서에 군더더기가 없어야 한다는 것이다. 사람마다 깔끔한 문서의 기준은 다르다. 내가 적은 방법을 적용해서 작성해봐도 좋고, 본인만의 기준을 정한다면 더 좋다. 포인트는 작은 부분도 "왜? 어떻게?"라는 질문을 던지며 끊임없이 개선해야 한다는 것이다.

ACTION POINT!

STEP 1 본인이 개발하고 싶은 부분이 무엇인지 우선순위로 리스트를 정리한다. 무엇을 원하는지 정확하게 알아야 그 내용에 집중하여 일상에서 해결책을 찾을 수 있다.

STEP 2 가장 빠르게 성장할 수 있는 방법은 모방이다. 모든 사람이 각자 잘하는 것 한 가지 이상은 타고난다. 후배, 상사 구분하지 말고 선입견 없는 객관적인 시각으로 주변을 살펴보자. 그리고 내가 잘하고 싶어 하는 것을 잘하는 사람을 찾아라. 한 사람이 모두 가지고 있을 수도 있고, 여러 사람의 강점을 조합해야 할 수도 있다. 그리고 그대로 따라하자. 따라하다가 이해가 안 되는 부분은 당사자에게 물어라. 친절하게 도움을 요청하는데 거절하는 사람은 거의 없다. 사방이 해결책을 제시해줄 보물 같은 사람들이고, 천지에 배울 것이 널려 있으니 생각만 해도 즐겁다.

STEP 3 모방한 것들이 내 일부가 되었다면 멈추지 말고 나만의 방법으로 업그레이드해라. 그래야 온전한 내 것이 된다. 이 단계에서 가장 핵심은 질문을 던지고, 연관된 사고를 하며, 사고한 것을 실제로 행하는 것이다. 행하면서 보이는 보완점을 보강해가면 어느 순간 나만의 매뉴얼들이 쌓여 있을 것이다.

숲과 나무를 파악하는 기본

: 전략적 사고 프로세스

　　전략적 사고 세팅하기. 너무 거창한 말을 쓴 것 같지만 전략적 사고는 현재 진행하는 업무만 바라보고 있지 않는 것이다. 속한 비즈니스의 방향성을 파악하고, 다음 단계가 무엇인지 염두에 둘 수 있어야 한다. 앞뒤의 업무 연관성이 타당한지 판단하여 내가 지금 하고 있는 업무가 전체 그림에 적합하게 기여하고 있는지 파악해야 한다.

　　팀장급 이상 임원들이 하는 일이라고? 아니다. 똑똑하게 나를 중심으로 생각하자. 지금 내 시간은 소중하고, 나는 어떤 환경에서도 긍정적으로 발전해야 한다. 누구의 업무이건 내가 어떤 역할을 하고 있고, 최종적으로 좋은 결과를 도출하는 데 영향을 미쳤다면 내 것이 된다. 동기가 부여되고 움직이는 동력이 되어 준다. 잠깐의 생각으로 일을 주도적으로 해나갈 수 있다.

그럼 또 다시 이런 질문을 할 수 있다. "저는 전략이나 마케팅 업무와 상관이 없어요. 재무 담당이에요." 지금부터 자신이 재무나 회계 담당이라고 가정하자. 회사 비즈니스에 대해 전략적으로 파악하고 있는 것과 아닌 것은 천지 차이다. 회삿돈을 법규에 어긋나지 않게 처리하는 것도 중요하지만, 타 부서가 제대로 쓰고 있는지 판단하는 것도 중요한 일이다. 제대로 잘 쓰고 있는지 파악하고 견제하기 위해서는 누구보다 비즈니스의 현황과 다음 방향성에 대해 제대로 알고 있어야 한다. 그래야 돈을 쓰는 부서에서도 긴장하고 정말 필요한 곳에 회사 비용을 투입하게 된다. 이런 시각을 지금 자기 업무에 대입해보기를 바란다.

그렇다면 전략적 사고를 세팅하기 위해서는 어떻게 해야 할까? 정말 간단하다. 다음 페이지의 프로세스를 보자. 시간과 노력, 우여곡절 끝에 만들어낸 프로세스다. 전략적 비즈니스 플랜 수립에는 수많은 이론과 의견이 지속적으로 업데이트되고 있고, 관련 책도 많다. 개인적으로는 가장 기본이 되는 다음 구조야말로 모든 상황에 응용하여 활용할 수 있는 골자다. 그러니 쏟아지는 정보에 갈팡질팡하지 말고 이것 하나만이라도 명확하게 소화하고 각인해두기를 바란다.

경영학을 전공한 사람이라면 이미 봤을 수도, 이 방식이 정말 도움이 되는 건지 물을 수도 있다. 학사와 석사 모두 경영학을

| 전략적 사고 프로세스 |

전공한 나 또한 이것이 정답이다고 말하기가 좀 시시하다는 생각이 든 적도 있다. 하지만 불변의 진리처럼 해당 프로세스로 귀결되었다. 기본의 중요성이다. 속는 셈 치고 읽은 후에 지금 하고 있는 업무에 연관 지어 보아라. 부족한 부분과 보완해야 할 사항이 눈에 보일 것이다.

4P(Product, Price, Place, Promotion) 전략은 7P(+ People · 인적자원, Process · 프로세스, Physical evidence · 물리적 증거) 전략으로 확장

된 지가 언제인데 4P 전략을 가르치는 것이냐고 따지지 말자. 여기서는 전체적인 흐름의 기본을 파악하라는 것이다. 기본은 단단히 머릿속에 인지하고 새로운 것들을 상황에 따라 접목하고 빼면 된다.

도표에는 가장 중요한 것이 빠져 있다. 모든 프로세스에서는 정성 데이터와 정량 데이터를 함께 점검해야 한다. 그리고 전체 전략이 수립되면 그에 따르는 매출과 손익을 필수적으로 예측한다. 예상 숫자가 기대한 바와 다르다면 그 원인을 역으로 분석하고 전략을 보완한다. 매출과 손익 분석은 현실과 동떨어진 말도 안 되는 수치로 설정하지 않도록 하자. 실행 가능한 보수적인 범위 안에서 근거 있는 긍정적 수치를 반영한다. 담당자의 실력은 예상 손익과 결과의 오차 범위에서 나온다는 것을 명심하자. 500만 원을 벌 것이라 예상했는데 5억을 버는 것은 매출상으로는 성공했다고 판단할 수는 있지만, 실력이 있는 담당자는 아니라는 의미다.

시장 조사와 환경 분석

"적을 알고 나를 알면 백 번 싸워도 위태롭지 않다"는 중국 춘추전국시대 전략가 손무가 했던 유명한 말이다. 비즈니스에 적용하면 적을 아는 것은 시장과 경쟁사의 상황을 명확하게 파악하는 것이고, 나를 아는 것은 회사 내부 상황을 확인하는 것이다.

정보가 넘쳐나는 시대에 살고 있기에 외부 상황을 파악하는 것은 어렵지 않다. 중요한 것은 우리의 비즈니스와 연관되는 정보를 중심으로 파악하는 것이다. 연관되지 않은 내용은 아무리 양질의 정보라도 무용지물이다. 연관 정보를 바탕으로 세부적으로 수치화된 데이터를 덧붙이도록 하자.

시장 정보를 파악하다 보면 두각을 나타내고 있는 선점 기업들이 보일 것이다. 첫 번째 단계에서의 경쟁사는 우리가 뛰어넘어야 할 대상이 될 수도 있지만, 형성된 시장에서 성공하기 위해서는 어떤 특성을 가져야 하는지 지침을 주는 가이드로 파악할 수도 있다. 신사업 전략을 수립하는 것이라면 포지셔닝을 위한 참고로 활용하자. 진행하고 있는 사업의 전략을 재수립하는 것이라면, 신사업보다는 좀 더 정교하게 경쟁사를 파악하자. 그들을 뛰어 넘는 새로운 영역을 수립할 것인지, 그들의 몫을 가져올 것인지에 대한 결정이 필요하기 때문이다.

자사 현황 파악은 SWOT 분석을 활용하면 쉽다. 시장과 경쟁사를 상대적으로 비교했을 때, 우리가 어떤 상황인지 4가지 축으로 파악한다. 강점Strength, 약점Weakness, 기회Opportunity, 위기Threat를 파악하고, 어떤 요소를 활용하여 비즈니스 방향성을 수립하는 것이 이득이 될지 가늠해본다. 강점과 기회SO 전략, 강점과 위기ST 전략, 약점과 기회^{WO} 전략, 약점과 위기^{WT} 전략 등 우리 현황을 비교적 빠르게 파악할 수 있다.

전략 수립

시장 흐름과 선점 기업들의 특성, 그리고 현재 우리 상황을 파악했다면, 본격적으로 전략을 수립한다. 시장을 세분화^{Segmentation}하여 어떤 부분^{Positioning}에 침투할 것인지 정한다. 그리고 어떤 고객^{Targeting}을 대상으로 비즈니스를 전개할 것인지 날카롭게 선정한다.

전략을 수립하는 데 정답은 없다. 각자의 노하우대로 중심을 잡는데 나 같은 경우에는 '타깃 고객'이다. 고객의 라이프 사이클과 특성에 따라 유통 전략, 소통 전략, 가격 전략이 달라진다.

예를 들어 2030 프리미엄 주부를 메인 고객으로 정하여 육아용품을 판매하는 프로젝트라 가정하자. 메인 타깃의 매달 순수입은 1천만 원 이상이고 가사 일을 도와주는 사람이 따로 있으며, 주로 백화점에서 오프라인 소비를 하고 특정 프리미엄 온라인 판매처만을 이용한다. 메인 고객의 하루 라이프 사이클을 좀 더 구체화하여 정리해보면, 제품의 포트폴리오와 가격, 판매 채널과 소통 전략이 구체화된다. 메인 고객을 우선 공략하기 위해 판매 채널을 백화점과 특정 온라인 쇼핑몰에만 두는 것으로 시작하고, 추후 인지도와 안정적 매출이 확보되었을 때 유통망 확장을 검토하면 된다.

4P와 4C

시장의 특성을 명확하게 파악한 것을 바탕으로 시장 공략 위치를 포지셔닝하여 타깃 고객을 선정했다면 4P와 4C는 어렵지 않다. 수요가 많고 공급이 적었던 옛날에는 상품을 출시하면 팔렸는데 요즘은 그렇지 않으므로 4C를 가장 중요한 요소로 보기도 한다. 디자인의 힘이 나날이 커지고 취향은 개인화되고 있다. 타깃 고객에게 어필되지 않아 결국 팔리지 않으면 아무 소용이 없다. 그렇기에 앞 단계 과정이 더 탄탄해야 한다.

둘 다 중요하지만 적어도 회사에서는 "이 디자인은 별로야, 이 문구가 괜찮아?"라고 논의하는 것보다는 "우리가 속한 시장과 경쟁사는 어떤 형태로 움직이고 있지? 우리가 포지셔닝한 영역이 타당해? 그래서 어떤 현실적인 플랜으로 얼마의 돈을 벌 수 있어?"라는 건설적인 질문과 토론에 상대적인 시간이 더 투입되어야 한다는 것이다. 4C를 전문으로 하는 종합광고대행사는 많으므로 그들과 협업하자. 앞 단계의 전략이 잘 수립되어야 뒷 단계를 위한 광고비 사용도 낭비가 되지 않을 수 있다.

전략적 사고를 세팅하는데 뜬금없이 경영학원론에 나오는 프로세스 도표를 머릿속에 넣으라고 했다. 도표를 인지하고 나면 크고 작은 업무에 나도 모르게 의식적으로 대입해보게 된다. 그 다음엔 무의식적으로 대입하게 된다. 무의식적으로 대입하는 일정 기간이 지나면 앞뒤의 연관성과 큰 방향성, 자기 업무와의 연관성을 생각하는 자신을 발견할 것이다. 그렇게 주어진 업무를 '그냥' 해내는 것이 아니라, 스스로 발전하는 방향으로 사고하고 개발하게 된다. '이런 부분이 눈에 보이네. 저런 것도 가능하겠는데?' 하는 역량을 갖추길 바란다.

ACTION POINT!

일단은 전략적 사고 프로세스를 머릿속에 장착해야 한다. 제시한 도표를 손으로 그리든 프린트하든 종이로 옮기자. 수학 공식 외우듯 시험에 나오는 필수 문제처럼 외우자. 그리고 지금 하고 있는 일에 대입해보자. 새롭게 발견하는 부분이 있을 것이다. 없다면 최근에 했던 프로젝트에 대입해보고, 적합하지 않다면 회사의 다른 프로젝트에 대입해보자. 나와 연관 있는 업무에 대입하여 새롭게 발견하는 것이 생겨야 믿음이 간다. 믿음이 생겼으면 무의식이 될 때까지 의식적으로 다양한 업무에 대입하여 큰 그림의 방향성을 고민해본다. 나와 끊임없이 연관 지어 세팅하자.

빠르게 성장하고 싶다고요?

: Why? 질문하기와 모방

질문하기

질문 습관을 가지자. 업무에 즉각적인 변화가 생길 것이다. 지시한 내용만 이행했을 때와는 업무를 바라보는 관점이 달라지기 때문이다. 전체 프로젝트에서 내가 하고 있는 일이 어떤 역할을 하고 있는지 알게 된다. 그리고 그 역할이 어떤 기여를 해야 하는지 목표가 명확해진다. 그러면 부여받은 범위에 그치지 않고 사고의 범위가 확장된다. 점차 하는 일에 주도적 태도가 장착될 것이다. 반복되면 성과로 이어지고 재미를 느끼게 된다.

스스로 동기부여가 되는 것만큼 좋은 점은 없다. 내가 좋아하는 일을 해야 평생 할 수 있다고들 말하지만 그것만이 정답은 아닌 것 같다. 일에 관해 많이 알게 되고 좋은 결과가 반복되면 재미를 느끼고 원동력이 되어 전문가가 될 수도 있다. 워라밸을 중요시하는 삶도 좋다. 인정한다. 하지만 이왕 하는 일이라면 나에게 도움이 되고 발전할 수 있는 길을 선택해보자. 업무를 통해 만족감과 행복을 느껴야 아침 출근길이 가벼워진다.

질문과 고민, 해결의 과정을 어느 정도 반복하면 업무 능력이 고도화된다. 나는 고도화될수록 기본의 중요성을 깨달았다. 기본, 즉 속한 업의 본질에서 벗어나서는 안 되며 기본에서 모든 것이 시작되어야 한다. 또 한 가지 깨달은 점은 성공적인 결과는 한 끗 차이로 달라진다는 것이다. 세세한 마이크로 매니징을 의미하는 것이 아니다. 전략 수립과 예상 수치의 상세화, 실현과 적용에의 집요함을 의미한다. 매번 모든 일에 에너지를 쏟을 수는 없으니, 중요한 우선순위에 집중하여 살펴보고자 노력해야 한다.

왜 이 일을 해야 하지? 어떤 부분에 기여할 수 있을까? 이것은 무엇을 의미할까? 시장에서 이런 사례가 있나? 비슷한 프로젝트로 좋은 결과를 낸 다른 회사는 어떻게 한 걸까? 간단하고 단순한 질문 습관이 큰 변화를 가져다줄 것이다.

모방하기

무턱대고 질문만 쏟아내면 배가 산으로 갈 수 있다. 그럼 그때 가서 내게 말하겠지. "책에서 하라는 대로 했는데 시간만 잡아먹고 말귀 못 알아듣는 사람만 됐잖아요?" 하고. '프로 일잘러'가 아닌 상태라면 질문만 던지다가 괴짜 공상가가 될 수 있다. 중요한 것이 빠졌다. 효과적인 질문을 잘 던질 수 있는 중심이 필요하다. 지름길은 모방이다. 모방의 사전적 의미는 '다른 것을 보고 본뜨거나 본받고 흉내를 내는 것'이다. 말 그대로 누군가를 따라 하는 것이다. 주의할 점은 누군가의 노력을 내 것으로 둔갑시켜 빼앗아 오라는 말이 아니다. 오해 금지.

지금 속해 있는 업무와 비슷한 성격을 가진 지난 성공 자료를 분석하거나, 본받고 싶은 동료의 업무 방법을 살펴보고 내 일에 대입하는 것이다. 동료는 상사가 될 수도 있고, 후배가 될 수도 있다. 꼭 한 사람이 아니어도 된다. 두세 명을 정하여 각자의 본받을 점을 명확히 하고 스스로 습득할 때까지 관찰하고 배운다. 배우고 싶은 사람이 한 명도 없는 경우는 드물다. 어떤 사람이라도 강점이 있다. 스스로 열린 마음을 가지고 있는지 점검해보자. 사람으로서 배울 점이 있는 동료들은 있지만 업무적으로는 도저히 없을 수도 있다. 살펴보고 또 살펴보았는데 도달한 결론이라면 그 회사는 나와 맞지 않을 가능성이 크다. 사람과의 관계에도 인연이 있듯이 회사와도 인연이 있다. 나에게 도움 되지 않을 회사라면 떠나야 한다. 하지만 이직 결정을 성급하게 하지는 않았으면 좋겠다. 적어도 1, 2년 정도는 고민해보기를 추천한다.

모방할 대상을 찾았고 어느 정도 분석과 공부하는 기간이 지나 방법이 습득되었다면 한 단계 더 나아가야 한다. 내 것으로 만들어 발전시키자. 남의 것이 내 것이 되는 과정이다. 나의 성향과 일하는 방식에 맞춰 활용하면 된다. 질문을 던지기 위해 일 잘하는 누군가를 모방했고, 모방한 것을 내 것으로 만들기 위해 다시 한번 질문을 던지는 것이다. 시간을 들여 질문하고 고민하자. 어느 순간 닮고 싶었던 모방의 대상보다 한층 성장한 내 모습을 발견하게 될 것이다.

ACTION POINT!

모방하고 싶은 동료를 정하자. 그리고 그에게서 배우고 싶은 내용을 정확하게 정의하자. 이때 굳이 그 사람에게 말할 필요는 없다. 세상에 좋은 사람만 있다면 좋겠지만, 업무적으로 함께 발전하고 윈윈하자는 마음가짐을 가진 사람은 드물다. 괜한 분란을 만들 필요는 없으니 나만 알고 있자. 직접 정의한 배울 점을 분석해보고 지금 하고 있는 업무에 대입한다. 반복적으로 대입하여 익숙해지면 내 것으로 업그레이드!

효율적인 협업을 위한 센스 있는 소통

: 마스터플랜

　　마스터플랜? 업무 전반에 대한 촘촘한 계획을 세우라고? 나는 아직 사원인데(또는 대리인데) 이걸 하라고? 하는 생각은 이제 그만! 적어도 이 책에는 특별한 누군가만이 할 수 있는 것은 쓰지 않았다. 나는 여러분과 같은 평범한 사람이므로 내가 사용하고 있는 방법은 모두가 할 수 있다. 마스터플랜 또한 마찬가지다. 마케팅팀의 브랜드 매니저로 첫 직장 업무를 시작했는데, 유관 부서의 프로젝트 담당자들과 끊임없이 소통하고 프로젝트의 역할을 나누고 체크하고 이끌어 가는 것이 주요 업무였다. 하지만 대학교도 아직 졸업하지 않은 어린 여자의 말을 바로바로 들어줄 차장님, 부장님은 없었다. 지금은 그런 분위기가 거의 없어졌지만 그때는 그랬다. 그래서 고안한 방법이 마스터플랜이었다.

앞서 잠깐 언급했지만 마스터플랜을 세우면 직급이 상이한 여러 담당자가 수평적으로 명확하게 소통하는 데 유용하다. 문서에는 업무 내용과 전체 일정 중 각 담당자의 일정 등 상황과 조건이 모두에게 똑같이 반영되어 있다. 따라서 특별한 상황이 발생하면 직급과 관계없이 논의하고 마스터플랜에 솔루션을 기입하면 된다. 문서의 순기능이다.

단순히 각자의 업무 영역만 관리되는 것이 아니다. '전략적 사고 세팅하기'와 이어지는 부분인데, 진행하는 프로젝트의 전체 방향성을 함께 공유하고 고민할 수 있다. 마스터플랜에는 전체 업무 프로세스와 일정이 반영되어 있기 때문에, 내가 하고 있는 업무가 전체에 어떤 영향을 미치는지 파악할 수 있다. 또한 진행하면서 처음에 발견하지 못한 오류가 보이면 함께 논의하고 방향성을 수정할 수도 있다. 모든 유관 담당자가 하나의 목표와 방향으로 건설적인 토론을 할 수 있도록 하는 기준이 된다.

회사의 모든 일은 사람이 한다. 사람이 하기에 실수도 생긴다. 마스터플랜을 활용하면서 보람되었던 것은 서로 보완해주고 도움을 주었을 때다. 함께하는 프로젝트 구성원 중에 좋은 사람의 비율이 높을 때 이와 같은 현상이 나타난다. 본인의 일뿐만 아니라 서로의 업무에서 실수가 일어나지 않게 이중 체크해주고 어려운 부분은 다 같이 논의해서 도움을 주었다. 다 같이 좋은 결

| 일별 마스터플랜 |

구분		담당자	30	1	2	3	4	5	6	7	8	9	10	11	12	13	14
방향성 미팅	박람회 목적 공유: 앱 설치 유도 주목적	영호	■	■	■	■											
	전체 부스 그림 논의: 탁자, 폼보드, 상담 테이블	아영				■	■	■	■	■	■						
	부스 정보 공유: 실크기, 위치 등	영철										■	■				
	부스 보드 반영 콘텐츠 가이드	영철												■	■	■	
	부스/벽면 보드 디자인 콘셉트 방향성 논의	정숙												■	■	■	
	회의 후: 기본 정보 및 전체 필요사항 정리	정숙															
부스 벽면 보드	부스 보드 반영 내용 정리	민수						■	■	■	■						
	부스 보드 반영 내용 확인 및 수정, 확정	민수						■	■	■	■						
	부스 디자인 콘셉트 확정	정숙									■	■					
	보드 콘텐츠 디자인에 반영	정숙											■	■			
	보드 및 출력/인쇄물 제작	정숙											■	■	■	■	■
프로모션	현장 참여 프로모션 기획 확정	세연	■	■	■	■											
	프로모션 알림 POP 디자인	수지					■	■	■	■							
	프로모션 알림 POP 제작	수지								■	■	■	■	■	■	■	
	추가 필요 소품 기획 (필요시)	수지								■	■	■					
	추가 필요 소품 주문 또는 제작	수지											■	■	■	■	■

| 주별 마스터플랜 |

분류	내용	담당자	10월				11월				12월			
			1주	2주	3주	4주	1주	2주	3주	4주	1주	2주	3주	4주
계약	MFDA	세연	■	■										
	CFA	세연			■		■							
	마감 절차: 신원 확인	영호								■				
	마감 절차: 신원 재확인	영호									■			
	서명 및 마감	회사									■			
규정	새 법인 설립(법적으로)	세연											■	
	회사 내부 규정 만들기	세연							■	■				
	한국 시장의 새 사무실 체크	영철												■
채용	각 부서에 맞는 새로운 전문가 채용	영철												■
	새 지점 매니저 고용	영철												
인사 관리	복지 시스템 구축 및 직원 관리	영수												
	인사 관리 시스템 마무리	영수												
전략	전체 초기 전략 만들기	세연										■	■	
	시장/고객/신제품개발 콘셉트 조사	세연												■
	조사 결과 팔로우 업	세연												
	브랜드 출시 전략 만들기	세연												
	승인 과정	세연												
	FCST 판매	세연												

과를 낼 수 있는 기회로 작용된다.

마스터플랜은 주로 엑셀을 사용하지만 다양한 툴이 개발되어 있으므로 본인에게 맞는 프로그램을 활용하자. 중요한 것은 왜 작성해야 하는지, 이것을 나와 내 조직에 맞게 어떻게 활용할 수 있는지 고민하는 것이다.

마스터플랜은 모든 프로세스를 알고 있는 프로젝트 리더가 1차로 작성한다. 업무 성격에 따라 카테고리를 나누고, 카테고리별 세부 업무를 작성한다. 업무별 담당 부서가 있을 것이고, 대표소통 담당자(개별 리더)를 확인하고 기입한다. 개별 리더는 프로젝트가 마무리될 때까지 담당 영역에 책임감을 가지고 소통해야한다. 진행 일정도 반영한다. 단기 프로젝트의 경우 일별로 반영하고, 장기 프로젝트의 경우 주별과 월별로 반영하는 경우가 많다. 이렇게 1차로 작성한 파일을 미팅 전 미리 메일로 공유한다. 담당자들은 본인의 역할과 일정을 실제와 비교하여 확인한다. 프로젝트의 공식적인 시작을 알리는 킥오프 미팅^{Kick-off meeting}에서 다 같이 가감할 부분을 반영한다.

프로젝트를 진행하는 도중에는 다양한 이슈가 발생할 수 있다. 그때마다 마스터플랜을 수정하고 공유하면 된다. 신사업과 같이 큰 프로젝트를 진행할 때는 진행 상황을 반영하기도 한다. 진행 도중 멈추기로 결정한 사항은 S^{Stop}, 진행 중인 사항은 P^{Progress}, 끝난 사항은 F^{Finished} 또는 D^{Done}로 표기한다.

거창하게 마스터플랜이라 표현하면서 좋은 점을 이것저것 나열했다. 하지만 예시와 같이 아무것도 아닌 표에 불과하다. 바꾸어 말하면, 아무것도 아닌 간단한 표 하나가 일의 효율성을 높여주고 긍정적인 결과 도출에 효과가 있다는 것이다. 표로 왔다 갔다 소통하는 것이 딱딱하고 건조해 보일 수도 있다. 메일 내용을 친절하게 작성하고 구두 소통을 좀 더 유연하고 부드럽게 하면 충분히 보완할 수 있다. 작은 움직임으로 큰 변화를 이끌어보기를 바란다.

ACTION POINT!

다른 것 없다. 그냥 지금 하는 일에 마스터플랜을 작성하고, 킥오프 전에 소통 메일을 보내라. 대부분의 사람이 느낄 것이다. '이 사람 일 좀 하는데' 하고.

끝내 이루고자 하는 목표를 떠올려라

: 상상

　　부와 성공의 비밀을 다룬 론다 번의《시크릿》에서 다루는 내용과 성공한 운동선수들의 연상 트레이닝 방법은 일맥상통한다고 한다. 뿐만 아니라 성공한 많은 인사 또한 목표한 바를 이루기 위한 상상하기, 즉 이미지 트레이닝을 강조한다.

　　《시크릿》을 읽을 당시 '그럼 아무것도 안 하고 누워서 상상만 해도 다 이뤄지겠네? 말도 안 돼'라고 생각하면서 책장 구석에 두었다. 시간이 지나 돌이켜보니 나 또한 같은 경험을 하고 있었다. 직접 경험하고 나서야 다시 그 책을 꺼내 읽고 공감했다. 누구나 옆에서 아무리 뭐라고 해봐야 직접 겪어봐야 한다. 나보다는 시간을 좀 더 절약하기를 바라면서 이야기를 해본다.

　　상상과 관련하여 뇌 구조의 과학적 반응이나 인문학적 학술 정보는 많지만, 나는 내가 직접 실천하고 결과를 이룬 방법을 공유하려 한다. 아무것도 준비할 것이 없고, 누구나 할 수 있다. 그러니 못 하겠다는 핑계는 처음부터 접어두고 당장 시작할 수 있다는 마음으로 읽어보자.

시작하기 전에 딱 한 가지 점검할 사항이 있다. 이것이 없으면 시작은 가능하지만 끝을 맺을 수는 없다. 바로 '간절한 마음'이다. 간절한 마음은 하고자 하는 일을 포기하지 않게 하며 더욱 생생하게 목표를 이룬 내 모습을 연상하게 한다. 또한 상상의 빈도수를 때와 장소를 가리지 않고 증폭해주는 매개체가 되어 준다.

나의 경우엔 최종 목표를 이룬 모습들이 모두 꿈으로 나왔다. 해결책이 없던 일은 꿈에서 답을 얻기도 했다. 자기 전 집중하여 상상하는 시간을 가졌기에 꿈에 나타날 가능성도 컸겠지만, 꿈에서도 등장할 만큼 간절함이 컸던 것 같다. 간절한 마음을 꺼지지 않게 한 또 하나의 동력은 바로 내 약점이었다. 난 스스로 의지가 약하다고 생각했기에 어떤 일을 하던 중간에 포기하지 않을 장치를 마련해두었다. 휴대전화 바탕화면이나, 현관 앞, 책상 앞과 다이어리 등 곳곳을 활용했다. 이런 습관과 마음가짐이 긍정적 시너지를 일으킨 것 같다.

마음을 다잡았으면 완벽하게 준비되었다! 이제 시작해보자. 아주 간단하다.

- **1단계**: 책상을 깨끗하게 치우고, 흰 종이를 편다. 줄이 없는 종이면 좋고, 책상의 많은 부분을 차지할 만큼 큰 종이라면 더 좋다. 나는 스케치북을 잘 활용하고, 여의찮으면 A4용지를 사용한다. 유별나 보이겠지만, 앉기 전에 샤워도 하고 손톱도 정리한다. 그래야 가볍게 온전히 생각에 집중할 수 있다.

- **2단계**: 고민하고 있는 일들에 관하여 생각하는 것 모두 쓴다. 어떤 것을 써도 상관없지만, 꼭 고민하는 것과 연관이 있어야 한다. 예를 들어 대학원 진학을 고민 중이라면 진학하고 싶은 이유, 진학 가능한 학교, 재정 상태와 학비 충당 방법, 현재 나이, 진학 시 장점과 단점, 우려되는 사항, 주변의 찬성인과 반대인, 가족의 지지 등 모든 사항을 쓰면 된다. 대학원 진학이 고민인데 다이어트를 쓰면 안 되는 것이다. 만약 모델학과 진학이라면 연관성이 있을 수 있다.

- **3단계**: 2단계 작성이 끝나면 멀리서 전체를 바라보자. 비슷한 속성을 가진 내용이 눈에 보일 것이다. 그룹으로 묶어보자. 나는 그룹이 너무 많으면 선택이 어려워져 5개를 넘기지 않는다. 해보면서 자신만의 최대 개수를 찾아보는 것도 좋다. 만들어진 그룹에 중요도를 % 단위로 쓴다. 목표를 지지하는 그룹도 있을 것이고, 우려하는 그룹도 있을 것이다. 지지하는 그룹

의 중요도가 크다면 확정! 가보는 것이다. Go get it!

- **4단계**: 거의 다 왔다. 이제 실천 가능한 계획을 세우자. 여기서
중요한 것은 '실천 가능한' 것이다. 현재 상황을 고려하되, 조
금은 도전적이고 노력하면 가능한 적극적 수준으로 정하자.
먼저 최종 목표를 명확하게 한 줄로 짧게 정의한다. 앞으로 이
문장을 지속적으로 떠올리고 연상하게 될 것이므로 나에게
자극을 줄 수 있는 언어로 정하자.

　목표를 달성할 최종 시기를 날짜로 정하고, 이를 기준으로
역산하여 일정 로드맵을 작성한다. 큰 구간을 몇 가지로 나누
고 구간 달성 목표를 설정한다. 구간 달성 목표가 설정되면 자
연스럽게 월간, 주간, 일간 계획이 세워질 것이다. 중간 실천
과정의 로드맵이 너무 타이트하면 최종 달성 시기를 조정한
다. 타협 불가능한 목표 시점이라면, 마음을 더 단단히 먹고
시작한다. 한 번에 절대 작성하지 못하니 여러 번 하자. 이것
만 잘 작성하면 실천을 통해 목표를 달성할 수 있다. 얼마나
설레는 작업인가. 포기하지 말자.

- **5단계**: 이제 행동으로 옮기는 일만 남았다! 많은 사람이 행동
이 가장 어렵다고 하지만, 개인적으로는 4단계까지가 더 힘든
것 같다. 잘 수립된 하루하루의 계획을 실천하면 된다. 가장

무서운 복병인 '포기'만 관리할 수 있다면. 의지가 약한 나는 일상의 모든 순간에 목표를 노출한다. 남들은 모르게. 책상 앞에는 전체 로드맵을 구간별로 간략하게 정리하여 붙인다. 글로만 쓰면 보기 싫어서 어설픈 그림도 곁들인다. 언제 어느 시점에 어떤 목표를 달성해야 하는지 책상에 앉을 때마다 확인할 수 있어 좋다. 매일 쓰는 다이어리와 휴대전화 배경화면과 디데이 앱 등 일상의 많은 접점에는 4단계에서 정한 한 줄을 쓴다. 똑같은 문장을 쓸 때도 있고, 연상할 수 있게 바꿔서 쓰기도 한다.

자기 전엔 필수로 최종 목표를 달성한 내 모습을 눈감고 떠올리자. 처음에는 이미지로 떠올리기 힘들었다. 도화지에 그림을 그리듯이 하루하루 요소를 추가하자. 그 또한 조급하지 않게, 매일 거르지 않는 것이 중요하다. 어느 순간 눈만 감으면 완성된 장면이 3초 만에 떠오르게 될 것이다. 구간별 목표가 달성될 때는 스스로에게 작은 선물도 한다. 아이스크림을 좋아해서 그런 날이면 마음껏 먹었다. 최종 목표가 어느 정도 달성될 때까지 남들에게 알리지 않는 편이다. 목표를 주변에 말해야 이루기 쉽다고들 한다. 혼자만의 이상한 믿음이지만 좋은 기운이 빠져나가고 나쁜 기운이 스며들 수도 있다고 생각해 혼자 끝까지 마무리하는 편이다. 물론 남의 도움이 필요한 목표가 있을 수 있기에 각자의 판단대로 하자.

1단계에서 5단계까지 처음엔 시간이 걸릴 수 있지만, 반복하다 보면 시간이 줄어 있을 것이다. 어느 순간 이 방식에 크고 작은 많은 목표를 대입하고 있는 자신을 발견하게 될 것이다. 하나둘 이루어내는 경험을 한다면 성공에 중독되어 어떤 목표 앞에서도 '하면 되지!' '나는 무조건 할 수 있어!'가 된다.

이렇게 실천하면 억만장자가 될 수 있는지 묻고 싶어 입이 근질근질할 것이다. 아직 억만장자가 아니라서 잘 모르겠다. 투자나 경제적 성공을 위한 목표를 세워 실천해본 적은 없다. 여러분들이 먼저 해보고 알려주길 바란다. 분명한 건 지금보다 나아질 가능성이 조금 더 높지 않을까 생각한다. 꼭 물질적 성공이 아니더라도 하루에 한 번 더 웃고, 자주 행복을 느끼는 데 도움이 될 것이다.

"중국에 가고 싶어요我很想去中国"

중학교 3학년 무렵, 중국에 가서 공부하고 싶었다. 중국은 지금처럼 치안이 좋지도 않았고, 경제적으로도 많이 발달되지 않았다. 상상하기 어려운 사건 사고가 뉴스를 타고 전해지곤 했다. 어린 나이였지만 중국에서 고등학교를 다니고, 미국에서 대학을 다니고 싶다는 생각이 크게 들었다. 부모님이나 주변에서 권한 것도 아닌데 그래야만 한다는 생각이 강렬하게 자리잡았다. 부모님께 고민을 이야기하자 금이야 옥이야 애지중지 딸을 키우던 두 분은 청천벽력 같은 소리를 들은 것처럼 당황하셨다. 한번 결정하면 행동에 옮겨야 하는 건 타고난 기질이었나보다. 너무도 강하게 고집 피우는 딸의 성화에 못 이겨 사방팔방 수소문하며 유학을 알아보셨다. 하지만 알아볼수록 염려가 커지셨고, 대안으로 성인이 되면 기회를 얻을 수 있게 중국어를 가르쳐준다고 설득하셨다. 돌아보면 나는 참 겁도 없이 대담했다. 부모님의 마음이 이해된다.

중국인 선생님에게 중국어를 배웠는데 배울수록 재미있었다. 선생님은 중국어 습득 능력이 좋다며 기뻐하셨고 사이가 급속도로 가까워졌다. 중국어 특기생이 있었다면 이런 모습이 아니었을까 싶다. 주말에도 선생님 집을 오가며 중국어를 배웠다. 학업에 전념하기 위해 그만뒀지만, 대학생이 되어서도 미련이 남았다. 영어권으로 유학을 가는 친구들이 대부분이었지만, 나는 중국으로 가야겠다고 마음먹었다. 영어를 잘하지 못하면 제2외국어는 쓸모없을 수 있다는 것도 알았지만, 어떤 방법이든 해결해나갈 수 있다는 생각만 했다.

부모님께 논의 드리니 지원을 아끼지 않겠다고 하셨다. 하지만 또 무슨 바람이 불었을까. 최소한의 생활비 지원만 받고 교육과 관련된 비용은 직접 마련하고 싶었다. 먹고 배우고 자는 모든 비용을 지원받고 있었으면서, 이제 어른이니 경제적인 독립을 해야 한다는 생각을 그 당시에 아주 잠시 했던 것 같다. 어찌 되었든 고생하며 마련한 자금이었기에 낭비하지 않고 알차게 유학 생활을 했다. 앞서 설명한 상상하기의 5단계 방식 중 1단계와 2단계, 3단계는 오랜 시간 걸쳐 결정했다. 4단계 실행 계획 세우기와 5단계 실천하기에 대해 좀 더 이야기해보겠다.

중국어를 즐겁게 배웠던 지난 경험에 기대어 현지에서 말이 어느 정도 들리지 않을까 자만했다. 한국에서 공들여 짠 계획은 모두 실천 불가능한 것임을 중국 땅을 밟은 지 1초 만에 깨달았다. 아무것도 들리지 않았다. 수정한 최종 목표는 '1년 안에 소통 가능한 수준으로 중국어를 습득하는 것'이었다. 구간은 총 4구간, 4주 여름방학 캠프, 가을 본학기, 4주 겨울방학 캠프, 그리고 봄학기였다.

영어와 달리 중국어는 한자 하나하나 읽는 법과 성조가 정해져 있다. 둘 중 하나라도 틀리면 소통이 이루어지지 않는다. 그렇기에 읽고, 쓰고, 외우는 것이 먼저다. 외워서 알고 있는 만큼 풍부한 소통이 가능하다. 첫 번째 여름방학 캠프의 구간 목표는 '미친 듯이 단어를 외우고, 중국인 친구들만 만나는 것'이었다. 캠프는 한국인이 비교적 적은 곳으로 선택했다. 목표를 달성하기 위해서 9시가 되면 신데렐라처럼 꼭 잠자리에 들어야 하는 한국인으로 포지셔닝했다. 스트레스를 풀고 에너지를 얻는 방법이 운동으로 세팅되어 있었기에 한국에서 가져온 줄넘기는 요긴했다. '9시면 잠들고, 매일 새벽 5시 30분이면 기숙사 마당에서 줄넘기를 뛰는 줄넘기 소녀'로 어느 순간 외국인들 사이에 이미지가 자리 잡았다. 목표 달성을 위해서는 아주 좋은 이미지였다.

다양한 외국인들과 함께 유흥을 즐기며 친목을 도모하고 추억을 쌓는 기회는 갖지 못했지만, 내 목표는 달성할 수 있었다. 모든 것을 가질 수는 없다. 원하는 목표에 맞춰 스스로 기회비용을 따지고 선택해야 한다. 중국인 대학원생과 일대일 과외를 했고, 하루 종일 더빙으로 방영되는 한국 드라마를 보며 일상 표현을 통으로 외웠다. 한류가 막 시작되어 드라마 붐이 일어난 때였다. 한국 드라마 1편부터 마지막 편까지 하루 종일 이어서 볼 수 있었다. 주변 상황까지 나를 도와준 셈이다. 드라마 '덕후'가 빛을 발하는 순간이었다.

잠자는 시간을 제외한 모든 시간은 학교 수업을 예습 복습하고, 드라마 일상 표현을 외워 중국인들과 사용하며 18시간을 보냈다. 점심과 저녁 식사 시간도 따로 두지 않고, 공부하면서 먹었다. 한국에서 친구들이 카레와 짜장, 참치캔 등을 보내주어 기숙사 식당에서 밥만 한 공기 사서 먹었다. 중국까지 가서 중국 음식도 먹고 여유 있게 문화도 즐겨야 하는 거 아니냐고 말할 수도 있다. 하지만 그건 내가 중국에 온 가장 중요한 목표가 아니었기에 전혀 상관없었다. 남 말은 들을 필요가 없었다. 내가 세운 가장 중요한 목표를 빠르게 달성해야 다음에 오는 목표들에 훨씬 즐겁게 임할 수 있다는 걸 무의식 중에 알고 있었던 것 같다.

당시 기숙사 내 방의 모습이 생생하게 떠오른다. 자유롭게 공부하기 위해 1인실을 선택했다. 몇 주 되지 않아 방은 암기한 것, 암기해야 할 것, 쓰고 싶은 표현 등을 쓴 메모지로 가득 찼다. 여닫는 문도 예외는 없었다. 완벽하게 사용할 수 있다는 판단이 되면 떼어내고 새로운 것을 붙였다. 책상 정중앙에는 로드맵이 그려져 있었다.

나의 로드맵은 세월이 지나도 비슷하다. 검은색으로 전체 그림을 그리고, 구간별 목표는 파란색으로 쓴다. 중요한 키워드는 빨간색으로 별표 탕탕! 각자가 매일 봐도 할 일이 떠오르면서 기분 좋아지는 방법을 찾으면 된다. 이것 또한 한 번에 되지 않고 점차 업그레이드되니 조급하지 말자. 로드맵과 하루 일과표대로 움직였고, 자기 전에는 가장 높은 레벨의 학급에서 중국어로 토론하는 나를 매일같이 상상하며 잠들었다.

4주간의 여름방학 캠프가 끝나고 가을 본학기까지 또 다른 4주가 남았다. 수업을 통해 관계가 형성된 중국인 친구는 새로운 친구들을 소개해주었고, 자연스럽게 그들과 함께 여행도 가고 여가를 보냈다. 현지인 사이에 외국인은 나 하나였다. 함께 자전거도 타고, 유적지도 가고, 화산도 올랐다. 중국에 공부하러

온 유학생 친구들과의 추억 대신 중국 친구들과의 추억이 생겼다. 학기 시작 일주일 전 레벨 테스트가 있었기에 공부도 게을리하지 않았다. 한두 달의 시간이 절대 짧지 않다는 것을 이때 깨달았다. 중국에 도착했을 때 전혀 들리지 않던 중국말이 대부분 들리는 신기한 경험을 했다.

첫 번째 구간이 끝났는데 계획에 없던 난관이 발생했다. 레벨 테스트를 실력보다 잘 본 것이다. 최고반으로 배정이 되었다. 배부른 소리라고 할 수도 있겠지만 이건 누군가가 또 한 번 나를 시험하는 것 같았다. 아무리 귀가 트이고 입이 트였다고 하지만 나는 두꺼운 책을 읽을 수도 없었고, 읽고 토론하는 것은 불가능했다. 최고반은 최소 2년에서 6년까지 중국에서 생활한 친구들로 구성되어 있었기에 중국어를 모국어처럼 사용했다.

첫 수업부터 나는 꿀 먹은 벙어리가 되었다. 수업을 따라갈 수 없었다. 수업은 겨우 4시간 하는데, 배운 내용 복습과 다음 날 예습에만 18시간을 써도 다 할 수가 없었다. 한 페이지에 모르는 단어가 100개가 넘었다. 찾고 읽고 성조를 외우다가 정말이지 돌아버릴 뻔했다. 2주 만에 백기를 들었다. 매일 자존심이 상해 울었다. 더는 버틸 수 없었다. 몇 단계 낮은 반으로 이동해줄 것을 요청했다. 감사히도 여름 캠프 선생님이 최고반을 담당하고 계셨는데, 내 눈을 보며 말씀하셨다. "너는 할 수 있다고. 스스로를 못 믿겠으면, 너를 믿는 선생님을 믿어보라고. 지난 8주간 살펴보았는데 이번에도 너는 해낼 수 있다고." 나를 진심으로 믿어준 선생님을 만난 건 행운이었다.

로드맵을 전격 수정했다. 최종 목표를 조정했다. '1년 안에 소통 가능한 수준으로 중국어를 습득하는 것'에서 1년의 기간이 6개월로 바뀌었다. 모험이었지만 다시 한번 다잡았다. 간절한 마음을 담아 더 자주 생생하게 친구들과 어울려 토론하는 내 모습을 상상했다. 두 달 동안 허덕이며 간신히 수업에 참석했고, 스트레스는 줄넘기로 채워지지 않아 오후엔 학교 운동장을 10바퀴씩 뛰었다. 뛰는 동안에도 중국 노래를 들었다. 학기 막바지쯤 실력이 느는 게 눈에 보였다. 의견도 자유롭게 말했다. 이쯤이면 대화하는 데 문제없겠다는 생각이 드는 순간 스스로 고생했다는 말이 저절로 나왔다. 이때로 돌아가 똑같이 하라고 하면 못 할 것 같다.

짐을 싸서 북경으로 이동했다. 빠르게 발전하는 중국의 모습을 직접 경험하고 싶었다. 처음 계획에 없던 달콤한 포상이 주어진 느낌이었다. 이렇게 배운 중국어를 까먹지 않기 위해 취업을 하고서도 새벽에 학원에 갔다 출근했다. 이후 중국 현지 법인에서 일하는 동안에도 소통에 도움이 되었다. 지금은 중국어 공부를 안 한 지 2년이 다 되었다. 매번 해야 할 리스트에 올라와 있는데 실천하지 못하고 있다. 이 기회를 통해 충분히 반성하고 다시 공부를 해야겠다고 다짐한다.

목표를 설정하고 촘촘하게 계획하여 실천하면 목표가 이루어진다. 상상하는 시간이 더해지면 불안함이 줄어들고 집중도가 높아진다. 계획보다 더 좋은 결과가 따라오는 행운도 생길 수 있다. 선택과 집중으로 포기하는 다른 기회가 아쉬울 수도 있겠으나, 내가 선택한 길이 또 다른 예상치 못한 특별한 경험을 선사하기도 한다. 그러니 결정까지 치열하게 고민하고 선택했으면 뒤돌아보지 말자. 내 선택이 옳았다는 것을 증명할 수 있는 유일한 사람은 나밖에 없다. 나도, 이 글을 읽고 있는 그대도, 모두 옳다.

처음 대기업에 취업한 순간에도, 미친 듯이 성공하고 싶은 프로젝트를 할 때도, 일상의 큰 결정을 해야 하는 순간에도 나는 계속해서 이 방법을 쓴다. 지금도 매일 아침과 자기 전, 도달하고 싶은 모습을 있는 힘껏 집중해서 상상한다. 책상 앞과 각종 소지품에 나를 다잡을 수 있는 문구들을 노출해 읽는다. 정말 쉬우니 꼭 해보기를 바란다. 종이와 펜만 있으면 되니 공짜다.

ACTION POINT!

중요한 것은 남들이 이 방법을 통해 성공했기 때문에 따라 하는 것이 아니라, 나의 간절한 마음에서 시작해야 한다는 것이다. 간절한 마음이 클수록 더 많은 고민을 통해 촘촘한 목표를 수립하게 되고, 그것을 매일 상상하고 끝까지 이어 나갈 힘이 생긴다. 무얼 시작하든 스스로를 믿으며 파이팅!

이해하고, 기록하고, 실행하라

: 지시, 보고, 완료

회사 업무는 수많은 지시와 보고로 이루어진다. 지시사항을 명확하게 인지하고 동료 입장을 고려한 보고기간을 통해 소통한다면 든든한 동료로 신뢰도가 수직 상승할 수 있다. 만약 지금부터 알려준 방식 그대로 했는데 지시사항 및 보고기간과 관련한 부정적인 피드백을 받는다면, 그 피드백을 준 사람을 의심해봐야 한다. 일을 잘하는 동료가 아닐 가능성이 크다.

먼저 지시사항을 제대로 이해하자. 지시를 받는 그 자리에서 충분히 이해해야 한다. 현장에서 바로바로 메모하는 것을 추천한다. 사람마다 표현 방법이 다르고 자주 쓰는 단어들이 있다. 그대로 메모해놓으면 시간이 지나도 상대의 의도를 명확하게 떠올리기 쉽다. 모르는 부분이 있거나 이해가 되지 않는다면 넘어가지 마라. 모른 채로 넘어가면 일이 커진다. 예의 바르게 물었을 때 화내는 사람은 드물다. "제가 ○○○ 부분이 이해가 안 되는데, 한 번 더 설명해주실 수 있을까요?"라고 물으면 된다. 전체적인 내용을 이해하지 못했다면 "○○○라고 이해했는데, 말씀하신 내용과 같은 의미일까요?" 하면 된다. 나는 확실하게 이해했더라도 마지막에 한 번 더 요약한다. 혹여 내가 놓치는 것이 있을지 몰라서다. "말씀 주신 내용을 ○○○라고 이해했고, 제가 팔로업 해야 하는 내용은 ○○○로 알고 준비하겠습니다" 하고 자리를 마무리한다.

지시사항에 대한 이해가 끝났으면, 기한에 대해서도 명확하게 소통하자. 기한에 대해 먼저 알려주는 상사도 있지만 그렇지 않은 경우도 있다. 상사도 전달할 내용에 집중하다 보면 일정을 챙기기 어려울 때가 많다. 그럴 때는 역으로 챙겨야 한다. 누군가에게 문서 작성을 요청할 때는 최종으로 내가 작업할 시간을 확보하고 가이드를 주게 된다. 예를 들어 최종 파일이 금요일까지 완성되어야 한다면, 상대에게는 늦어도 수요일 오전까지 요청하는 것이다. 그래야 수요일 오후에 상대에게 피드백을 바탕으로 수정을 요청하고, 목요일에 내가 최종 수정하여 금요일까지 업무를 마무리할 수 있다.

이 개념을 알고 지시사항을 받았을 때 바로 보고기간을 소통해준다면, 지시하는 사람 또한 안심이 된다. 일 잘하는 상사의 뇌 구조를 한 발 더 빠르게 캐치하고 움직이자. 상사가 "금요일까지 해주세요"라고 말하면 "네 그러면 수요일 오전까지 1차 보고드리고, 오후에 수정하여 목요일에 최종 피드백을 주실 수 있도록 시간을 운영하겠습니다"라고 답해봐라. 일 잘하는 상사는 본인의 업무 시간을 확보하고자 마감일을 금요일로 제안했을 테니 일정을 연장해줄 수도 있다. 그렇지 않은 상사는 '오~ 일 좀 잘하네' 하고 속으로 생각할 것이다. 둘 다 좋은 반응이다.

추가 팁. 업무를 하다 보면 좀 더 발전적인 방향을 고민할 때가 있다. 그럴 때는 혼자 판단하고 문서에 살을 붙이지 마라. 나는 좋아 보일지라도 상사의 의도와는 동떨어져 있을 수 있다. 중간 업데이트 소통을 꼭 해라. 처음 지시한 사항을 요약해 보고하면서 "이러한 고민을 했더니 이 부분을 떠올릴 수 있었습니다. 추가해보면 어떨까요?" 하고 사전에 확인하라. 상사가 동의한다면 긍정적인 발전이 될 수 있게 도와줄 것이고, 아니라면 멈춰야 한다. 결국 내가 작성한 문서의 최종 책임은 상사가 지는 것이다. 그러니 그 사실을 잊지 말고 의견이 다르다면 고집 피우지 말자.

조금만 시각을 바꿔 생각해보면 지시사항과 보고기간을 명확히 하는 것은 상사에게만 좋은 일이 아니다. 결국은 내가 두 번 일하지 않게 되고, 일정에 쫓겨 허둥지둥하지 않게 된다. 어떤 일이든 누가 시켜서 남을 위해서 한다고 생각하면 힘들다. 모든 관점을 나를 중심으로 바꾸어 보자. 무엇이 나에게 남는 것이고 도움이 되는 것인지. 작은 부분을 챙겨 지혜롭게 맡은 일을 마무리하기를 바란다. 어느 순간 중요한 업무 기회가 나에게 주어질 것이다.

ACTION POINT!

회사 업무 시간에는 적을 수 있는 노트와 펜을 항상 가지고 다니자. 노트북에 기록하면 되지 않냐고 질문하는데 그것도 좋다. 나는 손으로 쓰는 것을 좋아하기 때문에 지시사항은 손으로 쓰고, 회의록은 노트북으로 기록한다. 아날로그를 좋아하기 때문이기도 하고, 다른 이유도 있다. 상사 역할을 하다 보니 손으로 쓰는 팀원을 보면 나에게 경청하는 느낌이 든다. 시선이 노트북에만 가 있지 않고, 내 눈과 노트를 번갈아 보기 때문에 정성이 있어 보인다. 사람마다 다르니 '현장에서 메모하는 것'에 포인트를 두자.

함께 일하고 싶은 동료가 되려면

: 팀원, 팀장, 임원의 역할

인사人事가 만사萬事라는 말이 있다. 사람의 일이 곧 모든 일이라는 뜻으로, 알맞은 인재를 알맞은 자리에 써야 모든 일이 잘 풀림을 이르는 말이다. 이 말에 전적으로 동의한다. 회사의 크고 작은 비즈니스의 성공은 적합하게 배치되어 적절하게 융화된 조직원들이 해낼 수 있다.

크고 작은 성과들이 특진과 스카우트 제의로 이어졌고, 경력에 비해 빠르게 팀원, 중간관리자, 임원으로 승진해 다양한 직무를 경험하게 되었다. 운이 좋기도 했고, 동시에 힘든 일도 밀도 있게 경험했다. 덕분에 이 파트를 쓸 수 있는 것 같다. 다른 내용들에 비해 지극히 더 개인적인 의견으로 쓴다. 사람마다 성향과 경험이 다르고 지향하는 방향성도 다르기에, 이런 생각도 있을 수 있겠구나 하는 정도로 읽어주기를 바란다.

일머리의 시그널이 있는 팀원은 100점!
성실함과 긍정적 사고까지 있다면? 다음 직장에서도 함께하자!

- **업무**: 시키는 것만 무작정 하지 말자. 5분이라도 주어진 업무를 왜 해야 하는지 생각하자. 왜 해야 하는지 생각하면, 무엇이 더 필요한지 알게 된다. 무엇이 더 필요한지 알게 되면, 내가 어떤 부분에 기여하게 되는지 인지하게 된다. 스스로 동기부여가 되면서, 동료와 상사에게는 일머리가 있는 직원으로 자리매김할 수 있다. 추가 의견을 피력할 때는 사견이 아닌 정성, 정량 데이터를 활용하자. 설득 시간이 줄어들 것이다.

- **태도**: 맡은 업무에 성실하게 임하자. 성실한 태도에는 책임감도 포함된다. 적어도 본인에게 맡겨진 업무는 끝까지 해낼 수 있어야 한다. 끝까지 최선을 다하는 태도도 습관이 된다. 당연히 기본이라고? 이 기본도 지키지 않는 직원들이 많다.

  평생 함께 산 부부도 맞지 않은 것이 있어 다툼이 생긴다. 나의 입맛에 꼭 맞는 회사는 없다. 그러므로 부정적인 요소에 시간을 낭비하지 말자. 나의 즐거운 정신 건강과 업무 역량 발전을 위해 긍정적인 부분에 중심을 두어라. 나의 의지로 바뀔 수 없는 상황에 매달리지 말고 나의 성장에 집중하자. 마음에 들지 않는 상사가 있을 수도 있다. 비난하거나 불평하기 전에 10초만 그의 입장을 이해해보려 노력하자. 팀장은 중간에서 아래위를 챙기기 힘들고, 임원은 어깨에 짐이 많다. 모든 것을 팀원에게 말할 수 없는 상황들도 있다. 그러니 무작정 비난으로 직진하지는 말자.

• **추가 꿀팁**: 책을 가까이하자. 업무와 관련한 유관 정보도 좋다. 적은 양이라도 상관없다. 짧은 시간이라도 습관을 형성하면 시간이 쌓여 도움이 되는 순간이 올 것이다. 지식이 쌓이고 문해력이 높아지며 사고하는 범위가 넓어진다. 외면하고 싶어도 전체 그림을 살피는 시각을 가지게 해줄 것이다.

팀원보다 나은 역량이 하나는 있어야 팀을 움직일 수 있다.
팀원과 상사에게 업무상 신뢰를 주는 팀장

• **업무**: 중간관리자가 된다고 해서 모든 업무를 알 수는 없다. 하지만 남들보다 잘하는 분야는 확실하게 하나쯤은 있어야 한다. 본인을 위해서도, 팀원을 움직이게 하기 위해서도 필요

하다. 시간이 갈수록 교육 수준은 높아지고 상대를 판단하는 능력도 그에 따라가는 것 같다. 팀원들은 자신보다 팀장이 실력이 없다고 느끼거나, 업무상 배울 점이 없다고 여겨지면 주도적으로 움직이지 않는다. 그러니, 지금 몸담은 분야에서 본인의 특기를 단단하게 갖추고 있기를 바란다.

임원에게는 임원 자리를 유지하기 위한 업무 성과가 필요하다. 장기적으로나 위급한 상황에서는 업무에 도움되는 중간관리자가 필요하다. 업무적 교류를 통해 형성된 상하관계의 신뢰가 회사에서는 가장 큰 무기가 된다. 중간관리자라면 회사 전체 비즈니스가 흘러가는 상황을 판단하고 때에 맞춰 적절한 도움과 성과를 제시할 수 있도록 하자. 업무 외 다른 부분들로 판단하는 상사와 일하고 있다면 잘못된 일이지만, 미련하고 눈치 없는 팀장 또한 합을 맞추기 힘들다. 스마트하게 일할 수 있어야 한다. 중간관리자는 상사와 업무 합을 맞추면서 팀원들을 책임지는 역할이다.

• **팀원 운영**People Management: 팀원과 다르게 중간관리자부터는 조직 운영 능력이 필요하다. 먼저, 현재 팀원 현황을 파악하자. 나는 업무와 태도, 2가지를 기준으로 구분한다. 2가지를 다시 강점과 보완이 필요한 점으로 나눈다. 그 후엔 부족한 부분을 채워줄 것인지, 아니면 포기하고 강점을 살려줄 것인지 결정

하자.

결정하기 전에는 팀원 전체의 조화를 살펴야 한다. 전체 조화를 살펴보면 보완이 필요한 부분을 코칭을 통해 채워줘야 하는지, 강점에 집중해줘야 하는지 좀 더 명확하게 판단할 수 있다. 모두가 일정 수준 이상으로 뛰어나다고 해도 아이러니하게 전체 조화가 이루어지지 않는 경우도 많다. 그러니 서로 윈윈할 수 있는 구조가 어떤 모습인지 그려보자. 누구나 강점은 하나씩 가지고 있다.

팀에 부정적인 영향을 주는 팀원이 있을 수 있다. 이 경우에는 맞는 역할을 찾아줄 수 있도록 노력해본다. 다양한 업무를 부여해보고도 어려움이 있다면 빠르게 대책 계획을 세운다. 우리 팀에는 적합하지 않지만, 다른 팀에는 꼭 필요한 역할을 할 수 있으므로 그 과정을 이끄는 역할도 할 수 있어야 한다.

• **태도**: 중간관리자가 가장 힘든 포지션이다. 위에서도 아래에서도 본인들의 입장에서 바라는 것들만 왜 그리 많은지. 외로움이 시작되는 포지션이기도 하다. 팀원들은 팀장을 은근히 경계하기 시작하고, 상사는 내가 불편해서 적당한 거리를 두게 된다. 그럴수록 스스로 더 챙겨야 한다. 비슷한 처지의 중간관리자들에게 기대며 회사의 숨통을 만들어두자. 잊지 말아야 할 것은 적당히 거리를 두어야 한다는 것이다. 어떤 조직에

서도 구설수는 존재한다. 휩쓸리지 않도록 언행을 조심하자.

그리고 가장 중요한 것은 긍정적인 사고와 태도다. 중간관리자가 되면 챙겨야 할 업무도 많아지지만, 경력에 대한 고민도 늘어나고 동시에 번아웃증후군이 찾아오기도 좋은 시기다. 중간관리자에게 요구되는 새로운 일들이 낯설고 어렵게 느껴질 때도 있지만, 팀원들에게 표현하기도 어렵다. 스스로 공부하면서 실패도 하고 이겨내는 과정을 반복해야 한다. 지나고 나면 별것 아니다. 긍정적으로 열린 마음을 가지고 공부하여 한 단계 더 성장하자.

직장 내 최고 상위자 임원, 직원 능력을 객관적인 업무 성과로 판단하자!

• **업무**: 모든 업무를 알고 있기에 임원이 되는 것이 아니다. 그럼에도 불구하고 임원 포지션에서 꼭 해야 할 중요한 업무는 비전과 목표를 명확하게 수립하고 공유하는 것이다. 조직이 어떤 방향으로, 어떻게 나아가서, 얼마만큼의 목표를 달성할 것인지 구체적으로 수립하고 모두가 인지할 수 있도록 소통해야 한다. 속한 회사의 규모에 따라 범위가 달라질 수는 있지만 명확한 방향성을 제시한다는 것은 중요한 의미를 지니고

있다. 구성원들에게 안정감을 주어 업무에 집중할 수 있게 한다. 하나의 목표를 바라보고 각자의 역할을 해낼 수 있도록 움직이는 동기가 되기도 한다.

세세한 현업은 중간관리자와 팀원들을 믿고 맡기면 된다. 업무를 마음에 들게끔 제대로 마무리해오는 직원들이 많지 않다고? 대수롭지 않게 할 말은 아니다. 본인의 조직 운영에 문제가 없는지 점검해야 할 시그널이다. 직원들이 서로를 신뢰하고 믿음이 있는지 하나라도 더 신경을 써야 한다. 새로운 조직이라면 손발을 맞추고 업무적 신뢰가 쌓이고 부족한 역량이 올라가는 데 시간이 필요하다. 그 역할을 중간관리자에게 맡겼다면 기다려주어야 한다. 업무는 사람이 하는 것이다.

• **팀원, 중간관리자 운영**: 업무 성과와 업무를 대하는 태도를 바탕으로 객관적으로 구성원을 판단하고 기회를 주자. 어떤 배경을 가지고 있는지는 참고사항이지 절대적 판단 기준이 될 수 없다. 사람은 발전하기도 하고 주춤하는 시기도 있기 마련이다. 기회를 주고 일정 기간 기다려주며 성장할 수 있도록 도움을 줘야 필요할 때 역으로 도움을 받을 수 있다.

• **태도**: 나를 믿고 함께하는 한 명 한 명의 동료가 가장 중요한 시기다. 동료는 모든 시기에 중요하지만 특히나 이 시기엔 더

중요하다. 직급이 올라갈 만큼 다 올라갔기 때문에, 나아갈 방향성에 맞춰 나의 또 다른 손발이 되어 함께 성과를 만들 사람들이 계속해서 필요하기 때문이다. 귀한 사람을 잘 판단하고 잘 관리하자. 관리의 바탕은 공감과 진심이다. 상대도 알고 있다. 이 사람이 나를 진심으로 대하는지, 아니면 도구로 대하는지. "기분 나쁘게 생각하지 말고 들어. 다 너를 위한 거니까 하는 말이야." 이 말은 대개 직원들을 도구로 여기는 상사들이 하는 말이다. 직원을 진심으로 위하는 상사라면 이런 말 자체를 하지 않는다. 직원들 또한 여러 경험을 겪은 사람임을 잊지 말자. 나를 믿고 따르는 직원들이 있다면 저런 말 한마디를 하는 것보다 진심으로 존중하는 태도로 대하자.

오래 함께 일했던 임원이 동고동락했던 해외 현지 법인 생활 마지막 날 이런 말씀을 해주셨다. "일을 잘하는데 인성이 좋기는 어려워. 근데 너는 그런 사람이라는 걸 함께 생활하면서 알았어. 그걸 잊지 않기를 바라. 너의 행동 기준을 단단히 해. 손가락질하는 사람이 생기더라도 담담하게 대해. 흔들리지 말고 스스로 생각하고 결정하며 나아가야 한다. 외롭더라도 늘 정직하고 부당함에 타협하지 말아라." 어려운 순간이 올 때면 용기를 준 이 말을 떠올린다. 많은 임원이 직원들을 견제하고 힘들게 하는데 이분은 참 특별한 상사였다. 앞으로도 이분이 도움을 요청하면 흔쾌히 응할 것이다. 이렇게 임원의 따스한 말과 행동은 당장의 시간뿐만 아니라 오랜 기간 함께할 든든한 동반자가 생기게 한다.

내 주변에는 늘 좋은 사람들이 있었다. 지금의 직장에서도 마찬가지다. 부족한 부분이 여전히 많아 매번 받은 만큼 돌려주지는 못한다. 하지만 꼭 지키고자 하는 것은 상대를 진심으로 대하고 배우고자 노력하는 것이다. 아직 한참 멀었지만 중요하게 여기는 가치를 단단하게 지켜나가고 싶다. 혹여 지금 본인에게는 도움을 주는 동료들이 없다고 좌절하지 말자. 스스로 그 시작이 되면 된다. 좋은 기운은 급속도로 퍼지는 성질이 있다. 내가 괜찮은 사람이 되면 자석처럼 비슷한 이들이 주변에 모이게 될 것이다.

ACTION POINT!

추가 팁은 없다. 본인에 해당하는 직급의 내용을 잘 읽어보자. 하고 있는 것과 하지 않은 것을 판단하여 부족한 부분은 지금부터 채우면 된다.

자투리 공부가 태산이 된다

: 공부

일반적으로 사람은 각자 잘하는 한두 가지를 타고 난다고 한다. 모자라는 부분은 다른 이들에게 부탁하거나 배워 가며 조화를 이룬다. 나는 길도 방향도 잘 못 찾고, 사람 이름을 외우는 것은 특히 더 자신 없다. 그렇기에 포기하고 굳이 잘하려 하지 않는다. 타고난 내 장점이 무엇인지 잘은 모르겠지만, 자투리 시간을 잘 활용하는 편이다. 작지만 스스로 만족하는 점이다. 지속적으로 쌓이면 괜찮은 결과로 이어지는 경우가 많았기 때문이다. 한 방울씩 떨어지는 물방울로 바위를 뚫기도 하듯이 앞으로도 십분 활용할 예정이다.

이 이야기를 꺼낸 것은 자주 듣는 질문에 대한 해답이기 때문이다. 함께 일하는 동료들이 친해지고 나면 자주 묻는다. 업무 관련 공부는 평소에 어떻게 하냐고. 여과 없이 모두 알려준다. 누구나 할 수 있는 방법이다.

아침에 눈뜨고 출근 준비를 하는 동안 여러 주제의 소식과 정보가 메신저로 도착한다. 사회 경제 관련 뉴스 요약, 유통 소식, 광고·홍보·마케팅 소식, 패션 소식, 와인 소식, 투자 소식 등이다. 대중교통을 이용할 때는 그 시간을 이용해 각종 소식을 확인했는데 운전을 하는 요즘은 그럴 수 없다. 그 대신 집을 나서서 차에 시동을 켜기 전까지, 주차 후 사무실 자리에 앉을 때까지의 시간을 쓴다. 우선순위는 광고·홍보·마케팅 소식과 유통 소식이며 아침에 보지 못한 소식지는 퇴근하면서 본다. 최근 몇 년간 못 하고 있지만 빠르게 다시 해야 하는 리스트 1번은 경제 신문 구독이다. 매일 아침 짧은 시간이라도 읽는다. 난다 긴다 하는 기자들이 중요도에 따라 순서를 정해 논평하고 사설을 쓴다. 많은 온라인 소식지가 있지만 아직은 종이 신문이 좋다.

한 달이 지나면 월말 결산, 분기가 지나면 분기 결산, 한 해가 지나면 연말 결산 리포트들이 공유된다. 데이터가 포함된 비교적 깊이 있는 분석이 나오기도 하기 때문에 그때는 별도 시간을 내어 읽는다. 업무 시간엔 업무가 많아 엄두도 낼 수 없다. 점심 시간에 샌드위치를 먹으며 보거나 퇴근을 늦게 한다. 시장 관련 소식지는 주말에는 읽지 않으려고 노력한다. 주말에 읽고 나면 이틀 내내 관련된 업무 생각으로 연결되어 스위치가 꺼지지 않기 때문이다.

비정기적으로도 짧은 시간을 활용한다. 그중 하나가 약속 시간보다 30분 정도 일찍 도착해 책 읽는 시간으로 활용하는 것이다. 일찍 도착하거나 상대가 늦을 경우 휴대폰을 뒤적이는 시간이 아까워 시작된 습관이다. 출장을 다니면서 알게 된 사실인데 현지에 직접 방문하면 공부가 많이 된다는 것이다. 기술의 발달 정도가 한국을 따라올 수 없다고들 하지만, 생활 깊숙이 기술을 활용하는 나라는 중국인 것 같다. 중국 현지 법인에서 했던 처음 보는 유형의 신사업들이 한국에 돌아와 5년 정도 지나고 나면 시작되었다. 그 후로 시간을 내어 상하이를 찾는다. 가기 전에는 시장 변화에 대한 공부도 하고, 가서는 친구들에게 묻는다. 편의점과 외식, 화장품 산업은 일본 시장에서 힌트를 얻는다. 아는 만큼 보이고, 보일수록 재미있다.

사람들이 창의적인 아이디어가 중요하다고 말한다. 애플도 테슬라의 전기차도 세상에 없던 것이 아니다. 기존에 있던 것들을 더하고 응용한 혁신이다. 화장품 시장은 환경문제와 같은 사회적 이슈를 선도적으로 제품에 반영하고 스토리를 만든다. 화장품 효과를 바로바로 눈으로 확인할 수 없기 때문에 스토리와 콘텐츠가 다양하게 부각된다. 상품 수명의 사이클이 빠르고 콜라보와 아이디어를 특징적으로 보이는 시장은 편의점 유통 시장이다. 패션은 시대별 젊은 세대의 관념을 짐작할 수 있고, IT는

다가올 전반적인 시장 환경을 보여준다. 다양한 관심과 공부를 통해 지금 몸담은 산업에 대입하고 응용하는 것이 필요하다.

ACTION POINT!

누구에게나 공평하게 주어지는 시간을 잘 활용하고, 매일 짧은 시간이라도 꾸준하게 공부하는 것이 내가 알고 있는 일 잘하는 공부법이다. 지름길은 없다. 바탕이 탄탄해야 멋진 집도 무너지지 않는다. 공부하자.

진심이 아니어도 된다, 예의가 필요할 뿐

: 인간관계

　　사회에서의 인간관계는 가족, 친구, 연인과는 다르다. 치열한 경쟁을 거쳐 입사했고, 이익 창출을 추구하는 조직 속에서 각자의 능력에 따라 월급이 차등 적용된다. 사회에서 맺어진 관계가 친구로 이어지는 경우는 드물다는 말도 있고, 어제의 적이 오늘의 친구가 될 수도 있다는 말도 있다. 부정적인 측면으로만 판단할 필요는 없지만, 그만큼 특수한 사이는 맞는 것 같다. 특수하기에 어렵다. 서로 언행을 어떻게 해야 할지 도무지 모를 때도 많다.

　　나 또한 새로운 사람을 만나면 의심 없이 믿는 것에서 시작했다. 그랬기에 사회에서의 인간관계는 내게 상처와 아픔을 주기도 했다. 크고 작은 다양한 아픔과 배움을 겪으면서 이제는 적어도 회사에서 만난 누군가로 인해 관계에 대해 고민하는 일은 거의 없다. 처한 상황에 따라 달라지겠지만, 적절하게 참고하여 조금이라도 도움되기를 바란다.

TIP 1. 출퇴근 인사 잘해서 손해보는 것은 없다!

인사의 중요성은 어릴 적부터 배웠다. 부모님께서는 엘리베이터에서 한 번 만나고 스쳐 지나가는 주민이 아닌 분들에게도 인사하게 하셨다. 스치는 인연이라도 잘 가시라는 인사는 좋은 것이라 설명해주시면서. 요즘처럼 이웃 간에 사건 사고가 많지 않고 '이웃사촌'이라는 단어가 몸소 느껴지던 시절이라 가능했던 것 같다. 나는 주변 동료에게 출퇴근 인사를 하지 않는 것이 더 어색하지만, 그렇지 않은 사람들도 많다는 걸 이해한다.

인사를 잘하는 동료들을 보면 나도 모르게 밝고 기분 좋은 사람으로 인식한다. 사람에 따라 느끼는 정도는 다를 수 있지만, 적어도 나쁘게 인식되지는 않는다. 그러니 하지 않을 이유가 없다. 또한 조직을 관리하는 입장에서는 누가 출근하고 퇴근했는지 인지할 수 있다. 출퇴근을 감시한다는 의미가 아니다. 회사는 공동체다. 인사를 하면 각자의 바쁜 업무에도 출근을 잘했는지 웃으며 맞게 되고, 퇴근할 때도 오늘 하루도 고생했다 응원하게 된다. 출퇴근 인사를 하는 동료를 보면 때때로 가정교육을 참 잘 받았다는 느낌까지 받는다. 인사가 부정적인 영향을 줄 일은 없으니 한번 해보자.

TIP 2. 개인적인 사생활을 공유하는 것에는 신중하자

사생활을 공유하며 하하호호 웃는 순간에는 서로 관계가 급격히 돈독해지고 좋아지는 것처럼 느껴진다. 긍정적인 불쏘시개 역할을 한 것 같아 보이지만, 관계가 틀어지는 순간 모두 나에게 화살이 되어 돌아온다. 그러니 적절한 선을 지키는 게 좋다. 진심을 나누는 동료 관계가 아닌 사적인 친구가 되었다면 그때 해도 늦지 않는다. 신중해서 나쁠 것 없다. 의도와 상관없이 뒤에서 부풀려진 나의 이야기를 전해 들으면 그땐 이미 늦었다. 특히 술을 마시는 회식 자리, 뒷말이 많아지는 커피 타임 등 회사 업무 외 시간을 주의하자. 나 또한 늘 경계하고 조심하고자 지금도 노력한다. 회사에 모여 있는 사람들은 관계의 시발점부터 내 곁의 지인들과는 다르다는 걸 잊지 말자. 너무 경계할 필요는 없지만, 그렇다고 너무 긴장을 풀 필요는 없다는 뜻이다.

TIP 3. 명확하지만 예의를 갖춰 거절하자

가까운 사람, 즉 사적인 관계를 맺은 사람들에게는 거절을 잘 못 한다. 반면에 업무 관련 사항은 논리와 근거를 통해 합리성을 찾아 거절한다. 그러다 보니 일상생활에서는 거절을 못해 불편할 때가 생기고, 업무는 딱딱해질 때가 생긴다. 지금은 잘 거절하는 것이 나에게도 상대에게도 훨씬 낫다는 것을 안다. 나에게 적합한 거절 방법을 찾고 싶었다. 중요한 것은 '잘 거절하는 것'이다.

가까운 관계에서는 '좀 더 솔직해지기'를 선택한다. 편하고 신뢰하는 사이기에 부탁하게 되는 것이다. 그러니 솔직하게 상황을 설명하는 게 지금까지는 가장 좋은 방법 같다. 상황을 설명했을 때 서로 이해가 안 되는 사이라면, 부탁을 주고받을 만큼 가까운 사이였는지를 생각해보면 된다.

업무와 관련해서는 최대한 '이해하고 들어주기'로 범위를 여유 있게 둔다. 회사 일은 예측할 수 없고, 나 또한 급하게 도움받을 일이 생긴다. 그러니 지금 상황에서 최대한 도울 수 있는 것은 돕는다. 만약 업무 범위를 벗어난다면, 미리 언급을 하고 이번만 예외 상황임을 알리면 된다. 도저히 상황이 안 될 땐 '웃으며 예의 바르게, 그리고 명확하게' 한다. 웃으며 예의를 갖추는 것은 당연히 이해될 것이다. 명확하게 해야 한다는 것의 의미는,

거절은 어찌 되었든 내 의사와 상관없이 상대에겐 불쾌할 수 있다. 또 다른 오해를 일으키지 않도록 부드러운 표현 속에 명확함이 있는 것이 좋다.

TIP 4. 진심으로 대하되, 후에는 잊을 것

"손해를 보더라도 하나 더 주어라." "사람을 진실하게 대해야 한다." 자라면서 끊임없이 들어온 말이기에, 사회생활을 시작하며 만나는 모든 사람에게도 그대로 했다. 그랬더니 결과는 혹독했다. 정말 많은 상처와 아픔이 남았다. 업무와 관련하여 만나는 사람들과는 어떤 마음도 나누지 않겠다는 극단적인 목표를 세우기도 했지만, 나라는 사람은 그게 되지 않았다. 그래서 생각한 방어책이다. '적당한 거리를 유지하되, 마음을 준 관계가 있다면 진심을 다해 대하고 후엔 잊을 것!' 그게 가능하냐고 물을 수 있다. 시간이 지나고 노력이 쌓이니 가능하더라. 지금은 오히려 내 마음에 최선을 다했기에 작은 미련도 남지 않는다.

후배나 동료와 서로의 강점을 나누는 스터디를 시작한 지 오래되었다. 굳이 스터디까지 하면서 시간과 노력, 마음을 주지 말라는 나를 위한 조언을 주변에서 많이 듣는다. 결국 그들이 잘하게 되면 모든 게 자기 실력이라고 말하며 고마움을 모를 것이라는 이유에서다. 나를 위하는 사람들이 하는 말이니 일리 있는 말이다. 이해하지만 나는 후배나 동료들에게 바라는 게 없다. 스터디를 하면서 내가 알고 있는 자식을 한 번 더 다지게 된다. 따로 시간을 내지 않았어도 누군가에게 알려줘야 한다는 약간의 강제성이 나로 하여금 한 번 더 시장에 대해 공부하게 한다. 업무 연관성이 있는 관계라면 성과와 과정의 효율성이 개선된다. 나에게 긍정적 영향을 미치는 부분만 생각한다. 인연이 되면 좋은 관계로 오래 보게 되겠지, 하면 그만이다.

인간관계를 놓고 힘들어하던 나에게 언니가 알려준 방법도 지금까지 도움이 된다. 눈앞에 보이는 그 순간의 모습만을 심플하게 대하는 것이다. 상대가 친절하게 다가오면 단순하게 고맙다고 생각한다. 그러다 같은 사람이 갑자기 날카롭게 변하면, 저 사람이 왜 저러는지 하는 감정을 섞지 않는다. 그냥 기분 나쁜 일이 생겼나 보다, 하고 거리를 둔다. 상대의 감정에 내 감정을 더하지 않아서 좋고, 관계에 연관지어 고민하지 않아서 좋다. 그러다 보면 상대의 기분에 동화되는 나를 발견하다 가도 다잡게 된다.

TIP 5. 오해가 생기거나 관계가 틀어졌다면 그냥 두자

일을 하다 보면 의도치 않게 오해가 생기기도 한다. 그렇다면 당장 풀려고 노력하지 말라고 얘기해주고 싶다. 회사는 업무가 중심이다. 업무를 하면서 저절로 오해가 풀어지는 경우가 많다. 괜히 오해를 풀기 위해 이런저런 소통을 하다 오해가 오해를 낳을 수도 있다. 한정적인 업무 시간 안에서 얽힌 실타래를 푸는 것은 사적인 인간관계와는 다르다. 오해가 생긴 사람이 나에게 도움을 요청해야 하는 경우가 생긴다면 자연스럽게 말을 걸 수밖에 없다. 그때 소통을 이어가면 된다. 시간이 해결해준다는 말이 적절하다. 크게 마음 두지 말고 넘어가자.

TIP 6. 공을 빼앗아 가는 동료나 상사가 생겨도 일단은 그대로 두자

좋은 동료만 있다면 좋겠지만, 아무렇지 않게 성과를 빼앗아 가는 경우도 생긴다. 협업에 도움을 주지 않은 동료가 본인이 한 일처럼 꾸밀 때도 있더라. 화나고 억울할 수 있다. 대수롭지 않게 여길 수 없겠지만, 잘 안 풀렸다 생각하고 그 순간에는 넘어가자.

일단 가까이서 일한 사람들은 나의 실력을 알고 있다. 겉으론 포장할 수 있어도 실력을 빼앗거나 포장하는 것은 불가능하다. 그리고 그런 사람과 평생 볼 일은 만무하다. 똥 밟았다고 생각하면 내 작은 시간도 낭비하지 않을 수 있다. 그리고 내 업무 결과가 내 이력이 되는 사실에는 변함이 없다. 실제로 진행한 사람이 상세한 상황을 알고 있다. 인터뷰와 같은 증명이 필요한 상황에서 모두 드러나게 된다.

그래도 그냥 둘 수 없다고? 중국에 이런 이야기가 있다. 누군가가 너에게 해악을 끼치거든 앙갚음하려 들지 말고 강가에 고요히 앉아 강물을 바라보아라. 그럼 머지않아 그의 시체가 떠내려올 것이다. 그 사람의 본성은 변하지 않을 것이므로 내가 아니더라도 또 다른 누군가에게 불편함을 줄 테고, 그들이 알아서 해결해준다는 뜻이다. 더러운 구더기에 내 손까지 넣을 필요 없다.

TIP 7. 고맙고 감사하다는 표현은 자주 하고, 미안하다는 표현은 꼭 필요할 때만!

고맙다, 감사하다는 말은 언제 어디서든 많이 해도 손해 볼 게 없다. 가까운 사람들에게만 통하는 것이 아니라 사회에서도 통한다. 아무리 날카롭고 상대하기 힘든 사람이라도 감사한 일을 해주었을 때는 반복적이고 지속적으로 감사를 표현하면 그 사람도 부드러워진다. 시도 때도 없이 남발하라는 뜻은 아니다. 적절한 때 분명하게 표현하다 보면, 언젠가 일로 도움이 필요할 때 긍정적으로 작용해줄 것이다.

고마운 마음을 표현하는 것과 같이 미안하다는 말도 많이 했던 시기가 있었다. 어느 순간 지나고 보니, 몇몇 동료의 행동이 확연하게 바뀌어 있었다. 처음에는 나에게 예의를 다했는데 점점 선을 넘는 언행을 했다. 모든 사람이 나를 좋아할 수 없고, 피를 나눈 가족도 내 맘 같지 않을 때가 많은데, 사회에서 만난 사람들은 어떻겠는가. 미안하다는 말을 습관적으로 사용하면 나를 깎아내리는 용도로 작용하기도 한다. 본인의 과오가 명확할 때만 제대로 표현하는 게 좋다.

ACTION POINT!

내가 겪은 경험을 바탕으로 매뉴얼을 만들었을 뿐이다. 정답이 될 수 없기에 잘 활용하기 위해서는 스스로의 언행을 객관화해보기를 추천한다. 나의 어떤 언행이 강점이고 주의가 필요한지 파악하고 그에 맞추어 나만의 관계 매뉴얼을 만들어보자. 매뉴얼을 어떤 흐름으로 정해야 할지 모를 때, 이 파트를 참고하면 된다. 나를 객관화하여 파악하는 데 오랜 시간이 걸렸다. 하지만 사회생활을 넘어 나의 인생에 꼭 필요한 과정이었다. 이 기회에 시도해보길 바란다.

4장

'일잘러'의 기술

회사생활은 학교생활과는 다르다. 학교는 돈을 주고 원하는 수업을 선택하여 듣지만, 회사에서는 돈을 받고 주어진 몫을 다해야 한다. 회사 업무는 지시와 보고 체계를 근간으로 한다. 정해진 틀 안에서 움직여야 하는 첫 출발선에서 두려움이 많을 것이다. 일어날 수 있는 다양한 에피소드를 담았고 도움이 되었으면 좋겠다. 사회생활을 이미 시작한 직장인들도 아직 겪어보지 않은 일들이라면 참고하자.

인간관계는 누구나 어렵다. 시간이 지나면서 새로운 팁들이 생길지 모르겠지만, 지금까지 다양한 사람을 만나며 깨달은 사항을 첫 번째 글에 담았다. 성공한 프로젝트 중에 모두가 알 만한 내용을 보여주고 싶어 버거킹 콰트로치즈와퍼를 만든 과정을 썼다. 많은 동료가 이렇게 말한다. 어차피 내 회사도 아닌데 열심히 한다고 의미가 있을까, 내가 하고 있는 업무 영역은 범위가 넓지 않아 회사에 도움이 안 될 거야, 회사 자체가 가능성이 없는데 이렇게 작은 일로 큰 변화가 일어날 리 없어, 하고 말이다. 그렇지 않다고 말해주고 싶었다. 우리가 하는 일은 결코 하찮지 않고 의미 있다고. 맡은 일을 성공시키는 것은 회사에 좋은 일이지만, 그 과정 속에서 직접적으로 발전하고 배우는 것은 나 자신이기에 결국 나에게 좋은 것이라고. 또 알려주고 싶었다. 내 성과를 누군가가 자기 성과로 뻔뻔하게 둔갑시킬 수 있는데, 그럴 땐 어떻게 해야 하는지 말이다. 동서고금을 막론하고 이런 일들은 빈번하다. 당황하지 않고 분개하지 않고 대처할 수 있어야 한다.

글로벌 시대에 한국에서만 일하라는 법은 없다. 외국에서 일할 기회가 주어졌는데 막상 도전하기가 겁날 수도 있다. 내 경험이 힌트가 되었으면 좋겠다.

한국에는 이미 많은 외국 브랜드가 들어와 있지만 아직도 좋은 외국 브랜드가 많이 남아 있다. 이러한 브랜드를 들여오기 위해 여러 기업이 지속적으로 시도 중이다. 마스터프랜차이즈를 처음부터 끝까지 최전선에서 리딩하는 경험은 누구에게나 주어지는 기회가 아니다. 행운에 가까운 특별한 경험이고, 그 과정을 알지 못하는 사람들이 대부분이기에 책에 담았다.

누구나 꼭 일해보고 싶은 꿈의 직장이 있다. 나 또한 있었고 일할 기회도 만들었다. 현실은 기대와 달랐다. 나라고 모든 커리어가 계획대로 되지는 않았다. 하지만 중요한 것은 그 과정에서 수많은 새로운 기회가 생겨났다는 것이다. 꿈의 직장이 나와는 맞지 않아 안타까웠던 시간을 담았다.

모든 에피소드를 이야기한 후 마무리는 이 책에 쓰인 내용들을 어떻게 자기 업무에 응용하고 활용할 수 있는지 간략하게 정리했다.

모두에게 사랑받는 제품을 만드는 법

: 콰트로치즈와퍼의 탄생

전국민을 넘어 전 세계에서 사랑받는 제품을 만드는 것은 운이라고들 한다. 분명 운도 따라야 한다. 번뜩이는 아이디어로 깜짝하는 순간에 신제품을 만들어내는 운도 있다. 하지만 콰트로치즈와퍼는 99%의 노력에 1%의 운이 더해져 완성되었다.

당시 나는 여러 고민 끝에 퇴사를 앞두고 있었다. 회사를 그만두고 고시 준비를 하겠다며 부모님과 논의를 끝낸 뒤였다. 그런데 새로 영입된 이사님이 나에게 주요 마케팅 직무를 맡기겠다고 했다. 모든 임원이 반대할 정도로 상상할 수 없는 일이었다. 당시 한국 버거킹은 장기간 적자를 기록하고 있었고, 지속적인 어려움으로 글로벌 본사에서 외국인 대표가 투입된 상황이었다.

버거킹, '콰트로치즈와퍼' 출시

버거킹(대표 유주열, ㈜비케이알)이 와퍼 '콰트로치즈와퍼(세트 7,900원/단품 5,900원)'
를 출시한다고 30일 밝혔다.

'콰트로치즈와퍼'는 '4'를 의미하는 '콰트로' 이름에 걸맞게 패티를 비롯하여 토
핑 위에 4종의 다양한 치즈가 올려져 있어 치즈의 고소한 풍미를 자랑하는 제품
이다.

역수출되는 해외 브랜드 '콰트로치즈와퍼'

지난 2013년 버거킹 코리아는 한국 소비자들이 고소한 치즈를 좋아한다는
점에 착안해 한국인의 입맛에 맞도록 '콰트로치즈와퍼'를 개발했다. 무려 모짜
렐라, 아메리카, 파마산, 체다 4가지 종류의 치즈를 햄버거에 넣었다. 원래 콰트
로치즈와퍼는 기간 한정 메뉴로 출시가 되었지만 출시 당시 소비자들의 폭발적
인 반응으로 6개월 만에 정식 메뉴로 승격을 하게 되었다. 여기서 주목할 만한
점은 미국 본사에서 먼저 콰트로치즈와퍼의 역수출을 제안했다는 것이다.

당시 회사는 차·부장급에서도 해내지 못한 일을 경험 부족한
여자 직원에게 맡긴다는 것이 용납되지 않는 분위기였다. 모든
것을 책임지겠다고 말하는 이사님에게 그 선택이 틀리지 않았

음을 보여주고 싶었다. 훗날 왜 그 일을 나에게 맡긴 건지 물어 봤는데 "일할 사람이 없어서 그냥 너 시킨 거야" 하고 그녀는 특유의 유머로 너스레를 떨었다.

당시 마케팅팀은 나를 포함하여 겨우 4명이었다. 한 명은 신제품 개발, 한 명은 디지털 홍보 담당, 그리고 한 명은 매장별 손익을 확인하고 예측하는 것이 주요 업무였다. 업무에 도움을 줄 사람이 제대로 없었다는 뜻이다. 당시엔 너무 막막했지만, 지나고 보니 그런 환경이었기에 나만의 방법을 시도하고 구축하기 좋았던 것 같다. 고민하고 구상한 방법들은 이사님과 자주 논의했다.

일반적으로 신제품 콘셉트는 내부 직원들이 정하지만 고객에게 의견을 묻고 싶었다. 하지만 마케팅 비용이 한정적이었고, 회사는 허락하지 않았다. 이사님과 논의했더니 고객에게 묻는 건 좋지만 비용 지출은 어려우니 직접 모더레이터^{Moderator} 역할을 해보지 않겠냐고 하셨다. 대학교 마지막 학기에 설문을 설계하는 수업을 들었기에 모더레이터 일을 추가로 배우는 것은 어렵지 않았다. 팀원 중 한 명이 타깃 고객이 밀집해 있는 옆 회사에 협조를 요청했고, 그곳에서 셀 수 없이 많은 설문을 직접 진행했다. 직접 진행하다 보니 그때그때의 고객 반응에 따라 유용한 정보들을 더 많이 얻을 수 있었다. 제품 시식 평가도 진행해야 하는데 담당자가 흔쾌히 도와주지 않아 매번 어려웠다. 프로젝트를 성공시키고 싶었기에 포기하지 않았다. 3개월간 매장, 부점장 교육을 수료했던 기억을 바탕으로 직접 제품을 조합하여 테스트하면서 레시피를 업그레이드했다. 이익이 되는 원가율, 매장에서 운영하기 적절한 레시피 수준, 한정된 신규 원재료 등 고려해야 할 사항이 많았다. 이러한 사항을 바탕으로 시제품을 만들어 고객 테스트 거친 뒤 레시피를 반복해서 수정했다. 그렇게 최상의 원가율을 바탕으로 최종 레시피를 완성했다.

온오프라인 마케팅 전략도 수립해야 했다. 당시 외식업에서는 시도하지 않았던 고객 참여 감성 마케팅을 해보고 싶었다. 뜬금없는 아이디어라고 생각할 수도 있는데 이사님은 재미있는 발상이라며 아이디어를 더해주었다. 이사님의 아이디어와 창의성은 탁월했다. 처음으로 진행하는 새로운 시도도 많이 했다. 여러 가지 이벤트를 시도했는데 고객과 소통하여 결과를 만들어내는 재미가 쏠쏠했다.

업무에 대한 집중도는 불이 붙었고, 제대로 결과를 만들어내고 싶다는 끈질긴 집착은 업무 범위를 확장했다. 단순히 제품을 만들고 온오프라인 마케팅 활동을 펼치는 것에 그치고 싶지 않았다. 이왕 하는 것이라면 좀 더 성공시키고 싶었고 더 많은 수익을 내고 싶었다.

상세 매출 데이터와 고객 데이터를 분석해보니 주요 고객들은 가격이 비싸도 맛있어서 먹는 로열 고객, 신제품이 나와도 관

| '콰트로 프로포즈' 이벤트 관련 기사 |

식음료업계, 고객 참여 마케팅 활동에 주력

최근 식음료업계에서는 소비자 서포터즈를 비롯하여 UCC 공모전, 콘테스트, 아카데미 등을 진행하는 등 고객과 함께하는 마케팅 활동을 통해 브랜드 이미지 향상과 고객과의 소통을 우선시하는 활동에 집중하고 있다. 소비자들의 참여가 많아질수록 그 유형 또한 다양해지고 있으며 소비자들의 의견을 반영한 프로모션이 진행되기도 한다.

이렇게 기업의 마케팅 활동 전면에서 진행중인 소비자 참여형 마케팅은 기업과 소비자와의 소통을 원활하게 하고 소비자들의 즉각적인 반응을 알게 하는 중요한 창구 역할을 일임하고 있어 기업에게는 필수적인 요소로 작용하고 있다.

버거킹에서는 최근 고객 감동 이벤트의 일환으로 '콰트로 프로포즈' 이벤트를 진행했다. 버거킹이 공식 페이스북에 'Quattro of life — 삶을 맛있게 하는 4가지 행복 이벤트'를 실시하고 당첨자가 '사랑'이라는 주제로 이벤트를 신청하면서 사연에 맞게 버거킹 신촌점에서 '프로포즈'를 기획하여 깜짝 이벤트를 선사한 것이다.

'사랑' '우정' '감사' '행복' 4가지 감정을 주제로 신청자가 버거킹 페이스북에 자신의 스토리를 올리면 버거킹에서 당첨자에게 감동을 줄 수 있는 이벤트를 제공하는 형식으로 이루어졌다. 이번에 진행된 '콰트로 프로포즈' 이벤트는 이벤트 준비부터 진행되는 전 과정이 동영상으로 촬영되어 많은 사람들이 감동의 순간을 공유할 수 있도록 뮤직비디오 형식으로 제작되었다.

버거킹 공식 페이스북에 업로드된 이 동영상은 소비자들에게 큰 호응과 함께 기업이 주는 감동 서비스의 한 사례가 되었다. 버거킹은 이번에 선택된 '사랑'을 제외한 '우정' '감사' '행복'을 주제로 한 또 다른 이벤트를 기획중이며, 다음 이벤트 역시 소비자들이 공감하고 함께할 수 있도록 진행할 것이라 밝혔다.

심두지 않고 스테디셀러만 먹는 고객, 싸고 양 많고 적당히 맛있는 제품을 선호하는 어린 고객들로 나뉘었다. 그들은 각기 다른 제품 구입 주기를 가지고 있었고, 제품별로 수명 주기 또한 달랐다. 이러한 분석은 '사딸라' 광고로 유명한 3900원 세트(전신 히어로 4종 시리즈)의 탄생으로 이어졌다. 회사 전체 메뉴 포트폴리오 운영 전략도 만들어졌다.

모두 기록할 수 없어 아쉽지만 정말 많은 일을 했다. 고객 설문을 안착시켰고 다양한 프로세스와 매뉴얼을 만들었으며, 재무 관리 담당자가 아닌 마케팅 담당자가 프로모션 매출과 손익 예측을 하기 시작했다. 하루 한 매장당 30개 정도 팔리던 프리미엄 제품 포트폴리오는 콰트로치즈와퍼로 인해 200개로 늘어났다. 한정 할인 쿠폰이 발행되는 날이면 200개 이상이 팔리기도 했다. 연달아 히어로, 콰트로스모키와퍼, 콰트로슈프림와퍼, 콰트로레이스가 시리즈로 성공했고, 추가 매출을 일으키는 스낵 제품 포트폴리오도 안착되었다. 메뉴 포트폴리오 운영 전략은 버거킹 글로벌 아시아 퍼시픽으로 수출되었고, 콰트로치즈와퍼는 전 세계로 수출되어 아시아 최초로 미국 본사 메뉴로 채택되었다.

설득의 과정은 힘들었다. 새벽까지 일하기 일쑤였고 주말에도 일했다. 제품명도 직접 지었는데 그 순간은 아직도 생생하다. 이사님 방에서 4가지 종류를 뜻하는 전 세계 언어를 쓰며 함께 고민했다. 미국 브랜드인데 '콰트로'라고 쓰면 사람들이 이해할까? 어렵지 않을까? 머리가 터지게 고민했다. 당시엔 콰트로라는 단어를 아우디 브랜드에서만 사용한 게 전부였고, 외식업에서는 상용화되어 쓰이지 않았기 때문이다.

처음엔 도와주지 않았던 사람들도 하나둘 도와주기 시작했다. 연이은 신제품들의 성공으로 한국 버거킹 매출은 턴어라운드가 되었고 도약의 발판을 마련했다. 이로 인해 개인적으로 받은 인센티브는 단돈 10원도 없다. 그럼 왜 그렇게까지 했냐는 사람들도 있다. 하지만 모든 영역을 직접 뛰어들어 해본 경험은 오롯이 나에게 남아 있다. 이례적인 특진도 했고, 포트폴리오 전략을 해외에 안착하기 위해 현지 법인으로 가는 기회도 생겼다. 콰트로 프로포즈 이벤트에 참여한 고객이 감동하여 우는 모습을 보고 "Oh my gosh! She is crying! It's so successful results!(세상에! 울고 있어요! 정말 성공적인 결과입니다!)"라고 말해주시던 외국인 대표님과는 둘도 없는 멘토·멘티가 되었다. 어려운 선택의 순간이면 어김없이 그에게 조언을 구한다. 함께 일한 이사님과의 인연도 물론 이어졌다. 함께한 동료들은 각자의 위치에서 성장하며 아직도 소식을 주고받고 있다.

보수적인 집단에서 비교적 오픈 마인드를 가진 외국인 대표님, 나를 믿어주는 직속 상사, 그리고 동료들이 있어 멋진 경험을 할 수 있었다. 이 중 하나라도 삐끗했다면 일어나지 못했을 일이다. 회사는 물론 나도 발전했다. 버거킹 매장 앞을 지날 때면 여러 감정이 든다. 고마운 마음과 함께 이 브랜드가 계속 좋은 길로 나아갔으면 하고 진심으로 바란다.

단단한 실력을 갖추기 위한 마음가짐

: 도둑맞은 콰트로치즈와퍼

"한국에 기사가 났는데 좀 이상해. 바뀐 대표가 본인이 콰트로치즈와퍼를 만들었다고 인터뷰를 자세히 했더라. 한국지사 매출이 어려운 상황이라 글로벌 본사에서 투입된 외국인 대표랑 같이 일했지 않아? 보내줄 테니 읽어봐." 해외 법인에서 일하고 있던 나에게 업계 친구가 연락을 했다. 잠이 부족해 구토까지 하면서 일했던 과정을 알고 있던 친구는 나 대신 분통을 터뜨렸다. 친구뿐만 아니라 친분이 적었던 사람들도 같은 반응으로 연락을 했다. 이 세상은 좁고 업계는 더 좁다. 누가 어떤 프로젝트를 했는지 조금만 성공시켜도 모두가 알게 된다.

전달받은 기사를 읽으니 화가 났다. 그대로 남아 있는 직원들도 있었기에 더 화가 났던 것 같다. 전화해서 어떻게 된 일인지 상황을 물었다. "미안하다. 위에서 시키는데 어쩌겠니. 누가 그 일을 했는지는 모두가 알아. 그러니 우리 상황도 이해 좀 해주라. 진실은 변하지 않아. 그러니 마음 풀어." 마음 좋은 옛 동료의 말투에서 상황이 훤히 보였다. 기사를 쓴 기자에게 직접 메일을 보냈다. 모든 히스토리와 사실을 첨부해 보도 기사를 정정해달라고 보냈다. 하지만 단 한 글자도 바뀌지 않았다. 양심 없는 기자다.

그 모습을 지켜보던 콰트로치즈와퍼를 함께 만든 이사님이 말씀하셨다. "화내지 말아. 삶이 거짓인 사람들은 요란하게 계속 거짓을 쌓아갈 거야. 그때마다 너의 감정을 낭비하면서 화내는 어리석음을 반복하면 안 돼. 그렇게 살다 보면 진실을 말할 날이 한 번쯤은 와. 그때 너의 말에 귀 기울여 듣도록 너는 실력을 갖추면 돼. 누구도 넘볼 수 없는 단단한 실력. 그러니 너에게 집중하렴." 그렇게 이 일은 잊혀갔다.

이제 와서 굳이 이 일을 꺼내는 데는 이유가 있다. 수년이 지난 지금도 "○○○ 대표랑 같이 일했어요?"와 같은 질문을 자주 받는다. 그 대표가 얼마나 많은 사람에게 말하고 다녔으면 거짓이 진실이 되어가고 있었다. 처음엔 "아니에요" 하고 넘겼는데 물어보는 빈도가 잦아졌다. 제대로 답하지 않으면 함께 고생했던 동료들도 피해를 입는 느낌이 들었다. "콰트로치즈와퍼는 2013년 8월 30일에 런칭했고, ○○○ 대표는 한참 후에 입사하셨어요. 그 제품으로 회사 위기를 넘기고 매출이 급성장했어요. 그때 계셨던 글로벌 본사 소속 외국인 대표님이 이제 회사가 안정화되었으니 한국인 대표를 새로 뽑고 자기는 싱가포르로 돌아가시겠다고 해서 뽑힌 분이에요"라고 가능하면 구체적으로 대답한다. 처음 겪었을 때처럼 감정을 섞지도 분노하지도 않는다. 담담하고 대수롭지 않다. 그때 이사님 말씀처럼 나는 실력을 쌓아가고 있기 때문이다.

이런 일은 나에게만 일어난 특별한 경우가 아니다. 빈번하게 주변에서 일어난다. 발끈하지 말고 감정 낭비하지 말고 중심을 스스로에게 두기를 바란다. 진실은 힘이 있으니 언젠간 제자리로 돌아온다. 개인의 이기심과 욕심으로 직원과 회사가 발전할 수 있는 기회를 앗아가는 일이 없었으면 좋겠다.

리더와 동료의 중요성도 이 경험을 통해 알게 되었다. 한두 명에서 시작된 긍정적 변화는 큰 결과로 이어질 수 있다. 좋은 결과를 내보겠다는 개개인의 동기부여는 큰 힘을 만들어낸다. 성과에 대한 인정과 보상은 즉각적으로 이루어져야 함도 알게 되었다.

용기 있게 도전하라

: 중국 현지법인 경험

       외국으로 여행 가는 것이 일반화된 만큼 해외 일자리 기회도 많아졌다. 하지만 어떤 부분이 좋고 또 미리 염두에 둬야 하는지 사전에 파악하기는 쉽지 않다. 외국에서 일하는 것을 고려 중이거나 이미 선택한 사람들에게 조금이나마 도움이 되기를 바란다. 이 글을 읽고 해외 도전을 결심하게 되어도 좋을 것 같다.

    글로벌 브랜드 한국 지사에서 근무하던 때의 일이다. 당시 급격한 경제 성장을 이루고 있던 중국 시장이 중요했는데, 브랜드 실적은 마이너스에 머물며 고전을 면치 못했다. 미국 본사의 주요 인사들과 다양한 국적의 사람들이 노력했지만 쉽지 않았다. 주 이용 고객의 특성 데이터에 따라 제품 포트폴리오를 구성하고 매출 효과와 비용 효율성을 고려한 운영 전략을 구축했는데 큰 성과로 이루어졌다. 신제품과 신사업까지 연달아 성공으로 이어져 회사 매출이 턴어라운드되었는데, 중국에도 적용이 필요했다. 함께 일한 이사님과 중국 상하이로 가게 되었다.

컨설턴트로 가서 신사업 TFT까지 업무 영역을 확장했다. 중국에서도 서로 업무 도움이 필요한 동료들과 스터디를 했다. 현지 법인에서의 경험은 매우 만족스러웠다. 그들의 직장 문화는 한국과 상이한 부분이 있다. 직급과 경력이 최우선되는 한국과는 달리 업무에 대한 능력으로 담당 업무를 배정받고 평가받는다. 그러니 일잘러에게는 좋은 기회가 될 수 있다. 성과를 만드는 사람이 있으면 서로 배우려 노력했고 도움을 요청하는 데 거침없었다. 의견을 자유롭게 피력하고 나누었다. 중국은 도시별로도 문화와 특성이 다르다. 남녀가 평등한 상하이에서 일하는 행운을 얻은 나는 일하는 동안 즐거웠다. 한국 대기업에 다니고 있는 지금은 그때의 업무 환경이 종종 그리울 때가 있다.

언어에 대한 좋은 점도 있다. 현지 직원들과는 중국어를 사용했고, 그 외 공식적인 회의는 영어로 이루어지는 경우가 많았다. 완벽하게 원어민처럼 중국어를 구사할 수는 없지만, 매일 사용하는 언어이기에 실력도 향상되었다. 책에서 배울 수 없는 현지인들의 표현으로 중국어 실력을 업그레이드할 수 있어 좋았다. 중국인들과 자연스럽게 역사 이야기를 자주 했는데 어릴적 읽은《만화 삼국지》가 도움이 되었다. 역사를 관련 일상에 접목했고, 이와 관련된 표현법도 자주 들었다. 어떤 상황에서 어떤 말을 쓰는지 중국인 동료들은 내게 친절하게 알려주었고, 언어를 통해 그 나라 사람들의 문화와 생활을 이해할 수 있었다. 존댓말이 없어서 그랬을까. 언어가 주는 자유로움이 동료들과의 관계에도 긍정적인 영향을 주었다. 이와 같이 제2외국어를 주언어로 사용하는 국가에서 일하면 영어를 포함한 2개 국어를 매일 사용할 수 있게 된다.

한국으로 돌아가면 다시 찾아오기 어려운 기회라는 것을 알았기에 머무는 동안 여행하며 일하는 기분이 들어 좋았다. 이따금 사무실 바깥에서 이사님과 와인을 마시며 일에 대해 토론하고 그 토론의 결과가 건설적인 비즈니스 모델로 이어지기도 했다. 한국에서는 상상할 수 없는 일이다. 꼭 사무실에 앉아 자리를 차지하고 있는 것만이 일이 아님을 스스로 깨달았다.

물론 그 과정에 꽃길만 있지는 않았다. 중국의 특수성이었는지 모르지만, 이방인으로서 제약이 많았다. 말로만 듣던 '꽌시关系(관계)'의 나라임을 눈으로도 확인했다. 감사하게도 글로벌 본사의 요청으로 중국에 상주하게 된 케이스이기에 회사에서 대부분의 불편함을 해결해주었다. 중국에 가자마자 비자 문제가 한동안 날 힘들게 했고, 월급을 받는 프로세스에도 골머리를 앓았다. 정부 기관과 연계되어 일어나는 문제들은 시간과 인내를 요했다. 현지에서 개인적으로 입사해 일한다면 어려움이 많겠다고 생각한 적이 여러 번이다. 월급을 포함한 계약 조건도 천차만별 이다. 미리 지원 혜택을 꼼꼼하게 따져보고 판단해야 한다.

고려해야 할 또 다른 포인트는 한정된 생활 범위다. 길어야 5년, 짧게는 1~2년 머물 것이란 계획으로 나가는 경우가 많다. 그렇기에 무의식적으로 불필요한 인간관계를 맺지 않았다. 그러 다 보니 생활 반경이 집과 회사로 단조로워졌다. 다시 한번 기회 가 된다면 미리 기간의 끝을 염두에 두지 않고 충분히 주어진 그 시간을 즐기고 싶다. 금방 떠날 것이란 사실에 스스로 발목 잡지 않기를 바란다. 친구들의 많은 초대가 있었음에도 일해야 한다는 핑계로 밤낮없이 일과 공부만 했다. 그때 친구들과 좀 더 시간을 보냈으면 좋았을 텐데 소극적이었던 내가 아쉬움으로 남아 있다. 매 순간 주어진 변화를 즐기자!

그 외 확인해야 할 사항은, 그 나라의 제도나 생활에 대해 미 리 확인하는 것이다. 지금 중국은 현금으로 결제하는 경우가 적 다. 남녀노소 할 것 없이 QR코드나 페이를 사용한다. QR코드를 활용하여 구걸하는 거지의 모습이 인터넷상에 화제가 되기도 했다. 신용카드 사용도 적다. 그렇기에 중국 현지 은행의 계좌를 개설해야 생활에 무리가 없다. 비자 갱신에 대한 기간도 상이하 니 미리 확인하지 않으면 당황스러운 상황이 발생한다. 미리 생 활과 밀접한 기본적인 사항에 대비하자. 인터넷이나 현지 카페,

대사관을 활용해도 좋다.

새로움을 경험할 수 있는 것은 축복이다. 용기와 행동만 있으면 된다. 어떤 상황에서도 스스로를 믿어라. 그냥 버려지는 경험은 없다. 배움으로 남거나 추억으로 남거나, 무엇으로든 남는다. 그리고 훗날의 나에게 도움을 줄 것이다. 겁먹거나 두려워하지 말자.

남들이 가지 않은 길

: 글로벌 마스터프랜차이즈 계약

몇 년간의 오랜 고민 끝에 한국 고등교육 제도 개선에 긍정적 기여를 할 수 있는 교수가 되기로 마음먹었다. 감사하게도 앞서 나아간 훌륭한 교수님들을 통해 비전을 확인했고, 교육학 박사에 합격했다. 오랜 고민 끝에 내린 결정과 행동이었기에 어떤 제안에도 흔들리지 않았다. 하지만 함께 오래 일했던 옛 상사가 같이 일할 것을 제안하면서 던진 말은 내게 고민거리를 주었다.

"네가 대통령 딸이라도 한국 교육 제도는 쉽게 바꿀 수 없어. 지금 이 나라의 기득권은 소위 말하는 엘리트 출신이고 지금의 제도가 유지되어야 자리를 지킬 수 있어. 교육이 개선되어야 하는 것은 그들도 알고 있지만 현실은 바뀌지 않을 거야. 정작 본인들의 자식은 외국으로 보내고 있잖아. 그렇다면 현실적으로 냉정하게 네가 가진 강점을 살리면서 교육에 도움을 주는 것이 빨라. 자본주의 사회에서 교육의 불평등을 겪는 친구들에게 필요한 건 당장 필요한 돈과 직접적인 도움일 수 있어."

그러면서 한 가지 제안을 했다. "한국에는 이미 많은 브랜드가 들어와 있어. 글로벌 브랜드와 처음부터 끝까지 소통하면서 협상하고 입찰해서 계약을 따오는 일은 누구에게나 주어지는 기회가 아니야. 넌 비즈니스 전략과 마케팅, 데이터와 숫자를 모두 다룰 수 있기 때문에 이 경험은 분명 너에게 특별한 이력으로 남아 지속적으로 도움을 줄 거야. 이 프로젝트가 성공하면 지금까지 경험해보지 못한 또 다른 배움을 얻게 될 거야. 함께 성공시켜 보자."

틀린 말이 없었다. 그리고 당장의 내 몫을 포기하면서까지 타인과 나눌 만큼 나는 인성이 착하지도 않았다. 치열한 고민이 다시 시작되었다. 글로벌 마스터프랜차이즈(중간 가맹 사업자가 가맹 희망자에게 가맹점 운영권을 판매할 수 있는 권리를 부여하는 프랜차이즈 사업 유형)를 선택하면, 9개월 가까운 시간 치열하게 준비하여 만들어 둔 출발선이 사라진다. 더는 하고 싶지 않았던 끊임없는 기회 만들기를 다시 해야 한다. 특별한 기회인 만큼 리스크도 컸다. 성공해낼 것이란 믿음은 있었기에 당연히 내게 도움되는 경험일 것이고 새로운 기회들도 따라올 것이었다. 하지만 앞으로 몇 년간 삶의 모습은 달라질 것이기에 신중해야 했다.

실질적으로 내가 잘하는 것을 개발하여 나아가는 길에 좀 더 설득되어 도전하게 되었다. 결과는 성공적이었고 글로벌 마스터 프랜차이즈 계약을 성사시켰다. 그 후 많은 지인이 이와 관련한 도움을 요청한다. 어떤 프로세스를 통해야 하는지 모르는 사람들이 많기에 나의 경험이 도움되기를 바란다.

주목하고 있는 브랜드와의 접점을 만드는 것에서부터 시작해야 한다. 나라 간의 경계가 있기에 대사관을 통해야 하는지 대부분 묻는다. 그 방법도 있을 수 있겠지만 직접적으로 소통하는 게 좀 더 도움이 될 것이다. 세상은 좁다. 한 다리 건너거나 두 다리 건너면 닿지 않는 곳이 없다. 원하는 브랜드에서 근무하는 사람을 통해 소통의 시발점을 만든다. 노력해봤는데 없는 경우도 있다. 그렇다면 공식 홈페이지를 활용하자. 웬만한 규모의 글로벌 브랜드들은 비즈니스 확장에 대한 문의 창구를 표기해놓는다. 그것도 없다면 마케팅 제휴 문의 창구를 활용하고, 그것조차도 없다면 CS(고객 서비스)센터를 활용하면 된다. 제안 메일도 상대가 매력적으로 느낄 만큼 잘 써야 한다. 그래도 안 된다면 끈기를 가지고 두드려라!

메일에는 한국 시장의 특성과 해당 산업군의 시장 가능성과 포지셔닝 전략을 담아 매력 포인트를 드러낸다. 우리 회사가 해당 브랜드를 성공시킬 만큼의 자본력과 능력이 있음을 표현해야 한다. 핵심적인 내용을 중심으로 길게 쓰지 않아야 하며, 모든 정보를 한 번에 오픈하지 않는다. 만나서 더 많은 이야기를 듣고 싶을 정도로만 보여준다. 소통이 시작되었으면 우리와 같이 접근하고 있거나 입찰을 진행 중인 회사가 있는지 파악한다. 내 경우는 우리와 비교할 수 없이 큰 기업이 이미 계약 마무리 단계에 있었고, 그에 비해 우리는 자본력과 인력, 업력 등이 턱없이 부족하여 불리한 상황이었다.

경쟁사가 있다면 그들이 가지고 있지 않은 약점을 파악하는 것이 중요하다. 상대 대기업은 자본과 조직, 인력 등 모든 것이 갖춰져 있었지만, 한국 시장에서 해당 브랜드를 런칭하여 성공시킬 전략이 충분치 않아 글로벌 브랜드가 최종 계약을 망설이고 있었다. 내가 속한 회사는 기본적인 조건들은 모두 만족했지만, 해당 브랜드 관련 업력이 없었기에 그쪽에서 기회를 줄 이유가 없었다. 런칭 전략을 수립하고 상세 포트폴리오를 구성하고 그에 따른 마케팅 전략과 기획을 했다. 전체 전략에 따른 10년 치의 예상 손익을 만들어 발표했다. 그렇게 입찰에 참여할 기회를 얻었다.

이제 시작이다. 계약서는 법무팀에서 검토하면 되는데 더 해야 할 일이 남았나 하고 생각하면 오산이다. 법무팀은 말 그대로 법적인 부분에 문제가 있는지만 판단할 수 있다. 예상 손익을 만들 때 연도별 고정비와 변동비의 차등, 고정비 안에서의 항목들을 모두 고려했기에 그 조건이 실제 계약에서도 성사되어야 한다. 계약서 검토와 협상의 주요 리더가 되어야 한다는 뜻이다. 계약서는 개별 200장~300장으로 되어 있었고, 종류가 한두 가지가 아니었다. 하나가 수정되면 모든 검토를 처음부터 끝까지 해야 했다. 협상의 과정과 수정 사항 반영은 꽤 흥미롭고 재미있었다. 꼼꼼한 성격 탓에 계약서를 검토하면서 스트레스를 받지는 않았다. 대체 인원이 없었기에 밤낮으로 주말도 없이 일할 수밖에 없었다. 계약을 어느 정도 마무리했을 때 일주일 휴가를 갔지만 문제가 생겨 계약서 전체를 원격으로 검토하느라 휴가도 날아갔다. 휴가를 다녀온 뒤 최종 서명이 이루어졌다. 그동안 고생했으니 회사에서도 최종 서명을 직접 진행하라고 했다. 보람이 있었다.

어떤 조건을 잘 협상해야 하는지는 왜 알려주지 않는지 의문일 수 있다. 하지만 그건 상황과 브랜드에 따라 다르다. 상황 판단을 잘하고 그에 맞춰 치고 빠져야 하기 때문에 공식처럼 알려줄 수가 없다. 그래도 생각해야 할 포인트는, 어떤 조건이라도 연도별 차등을 주라는 것이다. 예를 들어 브랜드 비용을 지불하는 것은 일률적으로 비율이 정해져 있는데, 적절한 선에서 첫해는 작게 그다음은 조금 더 반영하는 것이다. 안착하는 데 필요한 시간을 계산하고 그에 맞게 차등 적용 및 협상하면 된다.

아쉬운 것은, 1년이 넘는 시간을 전부 쏟아 브랜드를 가져왔는데, 계약 당시 글로벌 브랜드의 호기심과 매력을 자극했던 런칭 전략대로 실행되지 않은 것이다. 계약 성사 후 여러 사정으로 함께하지 못하게 되었는데, 매장 앞을 지날 때마다 안타까움이 있다.

이 경험은 처음 상상했던 대로 다양한 기회를 만들어주었고, 지금까지 자양분이 되고 있다. 남들이 가지 않는 길이기에 시작은 힘들 수 있다. 눈총을 받기도 한다. 하지만 그 선택에 대한 결과를 만들어내면 그것이 자연스럽게 새로운 길이 된다고 믿는다. 처음 시작해야 하는 일이 있다면 겁먹고 두려워하지 말자. 치열한 고민 끝에 선택했다면 잘될 것이다.

꿈의 직장은 없다

: 디즈니에서의 시간

"디즈니를 보면서 꿈꿨어요.""아빠가 사주신 미키마우스 인형을 보면 어린 시절이 떠올라요." 일명 디즈니 덕후들은 디즈니를 사랑하게 된 계기가 있다. 모험을 즐기는 애니메이션, 다양한 공주 시리즈부터 히어로 시리즈까지 그냥 디즈니와 연결된 모든 게 좋았다. 어른이 되어서 이렇게까지 디즈니를 좋아하는 이유가 무엇일까 생각해봤다. 어려운 상황이 닥쳐도 스스로 해결책을 찾아 이겨내는 것 그리고 교훈을 남기는 스토리가 나의 기질과 맞았던 것 같다. 아직도 드라이브 음악 리스트에 디즈니 음악을 따로 담아두고 들을 만큼 여전히 디즈니를 사랑한다.

그런 디즈니에서 일하고 싶은 생각도 당연히 있었다. 한번쯤은 꼭 일하고 싶었지만 그때까지 일한 경력이 콘텐츠 산업과는 무관했기에 망설여졌다. 연인과 회사는 타이밍과 인연이라고 했던가. 해외 법인 생활 끝에 한국에 돌아왔을 때 헤드헌터에게 연락이 왔다. 좀처럼 자리가 나지 않던 디즈니에서 마케팅 영역을 확장하고 싶어 채용을 하고 있다고 말이다. 내 조건을 원한다고 했다. 몸담은 영역에서 한창 성공 사례들을 만들던 와중에 뜻밖의 제안이었다. 그동안 쌓아오던 좀 더 수월한 길을 두고 맨땅에 헤딩을 선택했다. 최종 합격한다면 다녀보기로. 다른 인터뷰들과는 결이 조금 달랐다. 다양한 상황 설정에서 문제 해결 능력을 물어보기도 했고, 나를 설명하는 형용사를 짧은 시간 안에 묻는 등 재미있는 인터뷰였다. 신입사원 공채만큼 단계별 검증 프로세스도 많았던 것으로 기억한다. 운명이었을까. 합격했다.

출근 첫날은 아직도 생생하다. 책상에 놓여 있던 미키마우스와 웰컴키트, 회의실마다 적힌 콘텐츠 이름들과 캐릭터 모양의 의자들까지. 지금까지 다녔던 회사들과 견줄 수 없는 설렘과 행복을 느꼈다. 중요한 스타워즈 시리즈가 개봉하기 전엔 가족을 불러 코스튬을 체험하고, 미리 영화를 보는 호사를 누리기도 했다. 디즈니는 부모의 역할을 존중하고 가정을 중요시하는 문화다. 적고 보니 복지만 좋은 것 같은데 업무적으로 좋은 점도 많다. 미국 본사에서 제시하는 비전은 명확하고 방향성 또한 뚜렷하다. 미국 본사의 콘텐츠 관리 시스템은 체계적이며 균형감이 있었다.

이렇게 좋은 회사를 왜 그만뒀을까. 나는 겉으론 활동적이고 스스럼없이 남에게 다가가는 것처럼 보이지만 관계를 맺는 데 신중하고 시간이 오래 걸리는 편이다. 이런 성격에 디즈니의 축제 같은 문화가 어색하고 버거웠다. 극 외향적인 사람들이 모인 곳에서 나는 그들의 일부가 될 수 없을 것 같았다. 직장생활을 시작하고 처음 겪는 높은 수준의 자율성에 어찌할 바를 몰랐다. 작은 것들이 쌓여 고민을 거듭했다. 그러던 와중에 미팅하며 알게 된 회사의 오너에게서 스카우트 제안을 받았고 그곳에 합류하게 되었다.

지금 시점에 디즈니를 다녔다면 잘 맞을 것 같다는 생각을 종종 한다. 이젠 경험도 더 쌓였고 일과 삶의 균형도 조절할 수 있으니 말이다. 후회하느냐고? 디즈니에 지원하고 퇴사하기까지 단 1초의 시간도 후회하지 않는다. 디즈니를 통해 배운 것도 얻은 것도 많다. 작은 업무도 허투루 하지 않았기에 콘텐츠 시장에 대한 스터디를 게을리하지 않았다. 그것이 계기가 되어 아직도 해당 시장에 관심이 있다. 깊이는 보지 못하더라도 이슈에는 관심을 가진다. 콘텐츠와 디자인의 중요성도 배우는 계기가 되었다. 전 세계 1등 IP(지적 재산) 회사의 잘 갖춰진 콘텐츠 관리 시스템을 보며, 무엇을 응용할 수 있을지도 배웠다. 미국 본사의 긍정적 문화에서 배울 점을 새겼고, 아쉬운 부분은 개선하여 간직했다. 그리고 조직을 책임질 때마다 그때의 좋았던 문화들을 하나씩 풀어 실천하기도 한다.

가고 싶은 회사들을 모두 도전하고 배움을 얻으라는 뜻이 아니다. 꿈꾸고 바라던 회사라 할지라도 나의 성향과 맞지 않을 수 있다. 자기 기준을 명확히 해서 회사도 사전에 판단해봐야 한다. 경력 하나하나가 어쩔 수 없이 나를 판단하는 기준이 되니 전략적으로 로드맵을 잘 수립하자. 디즈니에서 함께했던 동료들을 만나며 그곳 소식을 전해 듣는다. 그리고 디즈니와 관련된 콘텐츠를 볼 때마다 응원한다. 행복한 일탈이었다.

PART 3

ONE Shot

퇴근 후

ONE Kill

5장

멈추면 도태된다

대학수학능력시험을 어렵게 치르고 대학교에 입학했더니 대기업 입사가 기다렸다. 취직이 끝이길 바랐지만 평생직장은 없다. 회사원이라면 이직이 보편적인 일이다. 소위 몸값을 올려 잘 이직하려면 공부도 게을리할 수 없다. 일일이 챙겨주던 부모님은 더 이상 없다. 이제 어른이 된 우리는 스스로 해내야 한다. 나의 경험들이 조금이라도 참고가 되기를 바란다.

공부는 하라고 할 때 해야 하는 것인데 나처럼 뒷북치는 사람들이 생각보다 많다. 한국의 경영대학원^{MBA}에 관해 인터넷에서 떠도는 소문은 양극화되어 있다. 직접 경험한 시간을 3부에 녹여두었다.

지금 하고 있는 일이 도저히 맞지 않다는 생각이 드는데 새로운 걸 도전하기는 두렵다고? 행동파인 나는 오랫동안 치열하게 고민해보고 끝까지 마음에 남는다면 실행했다. 전혀 다른 길이어도 최종 결과를 직접 경험할 때까지 나아갔다. 성공한 경우도 있고, 생각과는 달라 돌아선 적도 있다. 중요한 것은 어떤 경험이든 나중에 지나고 보면 연결되어 도움이 되었다. 그냥 낭비하는 시간은 없다. 해보고 싶은 일은 해보자. 단, 끝까지 가봐야 한다.

제2외국어는 영어가 먼저 기본 바탕이 되어야 도움이 되고, 한국 기업보단 외국계 기업이어야 활용도가 높다. 본인이 제2외국어를 잘하는 사람이라면 그 능력이 줄 수 있는 기회를 잘 생각해보자.

취업은 모두의 화제인데 이직은 그렇지 않다. 그러다 보니 정보도 상대적으로 적다. 이직을 하면서 기준과 노하우가 생겼다. 상황에 꼭 맞지 않더라도 기본적인 궁금증을 해소할 수는 있을 것이다. 잘 준비하여 성공적으로 이직하기를 바란다.

취업이 끝인 줄 알았는데 산 넘어 산이다. 멈추면 도태된다!

배움에는 끝이 없다

: 대학원 진학

공부에는 때가 있다고들 한다. 동의한다. 그러나 그 때는 사람마다 다르게 찾아오는 것 같다. 취업 준비를 시작한 대학교 4학년 1학기, 처음으로 공부가 재미있게 느껴졌다. 초중고 시절에는 그리도 공부가 하기 싫더니만, 참으로 뒷북이 아닐 수 없다. 그때부터 지금까지 어떤 분야건 양이 적든 많든 공부를 해왔다. 아직도 스스로 무지하다고 느낀다. 세상에 배워야 할 것들이 너무도 많다. 아마도 죽을 때까지 무언가를 배우고 있지 않을까 싶다.

대학원은 신사업 전략 업무를 하면서부터 가야겠다고 마음먹었다. 경영학 관련 학문의 학자가 될 것은 아니니 회사 일과 병행하고 싶었다. 그러려면 퇴근 후에 공부하는 것밖에는 선택지가 없었다. 한국에서 대학원을 다니는 것에 관해서는 주변 의견이 분분했다. 학비는 비싼데 정작 대학원에서 노는 사람이 많아 돈 낭비가 될 수 있다고 했다. 또 어떤 이들은 그럼에도 불구하고 인적 네트워크를 구축하거나 빠른 승진을 위해 필요하다고 했다. 목적이 공부였기에 고민이 되었다. 학비와 생활비 등등 대략 계산해도 졸업까지 5천만 원 이상의 예산이 들었기에 신중하지 않을 수 없었다. 혼란스러움도 잠시, 나는 누구인가 생각하며 쭉 써보았더니 찬찬히 깨닫는 것이 생겼다. 어떤 환경에서도 주관을 가지고 공부하는 사람이 있는가 하면, 모두가 공부해도 노는 사람이 있다. 즉 내 태도가 중요한 것이었다.

결론은 대학원 생활에 만족했다. 막상 가보니 딱 내가 생각한 만큼의 상황이었다. 하고 싶었던 공부에 집중했고 자극이 될 만한 좋은 관계도 생겼다. 밖에서 말하는 것처럼 수업이 느슨하지도 않았다. 적절하게 현업에 대입해 응용할 수 있었고, 놓치고 있었던 부분도 보강할 수 있었다. 수많은 과제와 조별 발표가 따라와 육체적으로 힘들기는 했지만 보람 있었다.

주변의 동료들이 물을 때가 있다. 그때마다 대답은 같다. 하나라도 더 배울 수 있기 때문에 무조건 추천한다고 말한다. 얼마나 많은 걸 배워서 만족하느냐는 그들의 몫이지 내 몫은 아니다. 이어서 그들은 묻는다. 박사 과정도 공부할 생각이냐고. 당연하다. 학교에서 공부하는 것은 혼자 공부하는 것과는 또 다르

다. 언제가 될지는 아직 모르지만 가능한 빠르게 기회를 만들어
보려 한다.

ACTION POINT!

학비가 부족하다고? 학자금 대출 등 지원 제도는 많다. 유튜브 등 비용을 들이지
않고도 공부할 수 있는 다양한 방법도 있다. 어떤 분야든 배움을 지속하자.

이 길이 내 길이 아니다 싶으면

: 아나운서의 꿈

　　좋아하는 일을 평생 하는 것은 축복이라 말한다. 잘하는 것과 좋아하는 것 중에서는 좋아하는 것을 선택해야 한다고 말한다. 나는 의견이 다르다. 좋아하는 것이 직업이 된다고 꼭 행복으로 직결되는 것은 아니다. 직업이 된다는 것은 생계로 이어진다는 의미로, 스트레스가 생긴다. 좋아하는 것과 잘하는 것은 분명 다르다. 좋아하지만 못할 수도 있다. 생계로 이어지는 직업은 되도록이면 잘하는 걸 택해 스트레스를 줄이는 게 좋다. 좋아하는 것이 잘하는 것과 일치하는 사람이라면 축복 중의 축복이다. 그러지 못한 나는 잘하는 것을 직업으로 택해 좋아하는 것을 취미로 할 수 있는 환경을 만들고자 노력 중이다.

　　학창 시절 오랫동안 방송부 활동을 했다. 방송을 잘한다고 칭찬도 받고 즐거웠던 에피소드도 기억난다. 대학에선 언론 관련 전공을 선택하고 싶었지만 색이 뚜렷한 전공을 선택하면 나중에 진로를 바꾸기 어렵다는 생각이 들었다. 언론학, 법학, 경영학을 고민하다 경영학을 선택했다. 하지만 시간이 지나도 계속 방송이 눈에 밟혔다. 취업의 기로에 서자 다시 한번 스멀스멀 방송국에 다니고 싶다는 마음이 간질거렸다. 오랫동안 하지 않으면 후회로 남을 것이 뻔했기 때문이다.

부모님이 아나운서 준비를 반대하셨기에 취업 후에 하기로 계획을 세웠다. 4학년 1학기에 취업에 성공했기에 늦지 않게 시작할 수 있었다. 본격적으로 아카데미 수업을 들으며 치아 교정을 했다. 주말엔 스터디와 한국어 시험공부를 했고 새벽엔 중국어 학원도 다녔다. 중간중간 선생님들의 추천으로 방송 현장을 경험할 수 있었고, 기자 준비로 범위를 확장하라는 조언에 기자도 준비했다. 이렇게 1년 6개월을 준비했을 때쯤 방송국에 지원하기로 했다. 변수는 방송국이 공채를 뽑는 해도 있고 건너뛰는 해도 있다는 것과 회사의 잦은 야근이었다. 일에도 소홀하지 않아 사내 평판도 좋았다. 지금 생각하면 어떻게 다 해냈는지 모르겠다.

운 좋게도 서류가 하나둘씩 통과되어 인터뷰를 하러 가게 되었다. 1차 면접을 넘어 2차 면접으로 가기도 했고, 최종 면접을 눈앞에 두기도 했다. 그런데 알면 알수록, 준비하면 할수록 기쁜 마음이 아니라 물음표가 생겼다. 방송 현업에 있는 선생님들의 강의는 동기부여가 되기보단 '아. 이 일을 평생 할 수 있을까?' 하는 의문이 떠올랐다. 중간중간 방송국 현장을 경험했지만 그 또한 설렘이 아닌 걱정이 되었다. 오랫동안 상상하던 모습이 아니었기에 고민만 커져갔다.

서류를 통과하는 일조차 어려웠기에 면접을 가지 않는다는 것은 말도 안 되는 결정이었다. 하지만 가벼운 마음으로 그만해야겠다는 생각이 들었다. 끝까지 가보고 결정했으니 후회는 남지 않는다. 그 과정에서 새로운 사람들을 만났고, 그 인연이 아직까지 이어지고 있다. 그 인연들은 내게 또 다른 기회들을 만들어주기도 했다.

좋아하는 것이 있다면 끝까지 해봐도 된다고 말하고 싶다. 한 번 해보고 내 길이 아니다 싶으면 다른 길로 가도 된다. 단, 시작했으면 제대로 마음먹고 끝까지 가봐야 한다. 그 과정에서 많은 걸 배울 수 있을 것이다. 한국 사회는 하나의 길을 가지 않으면 끈기가 없다고 판단하기도 한다. 그런 분위기에 여러 길을 가보는 것이 두려운 건 당연하다. 하지만 그냥 지나가는 시간은 없다. 후에 어떤 일을 하던 지난 경험과 연결되어 도움이 된다. 대학 때 배운 글씨체로 애플의 글씨체를 탄생시킨 스티브 잡스처럼. "점을 연결해 선을 그려라!_{Connecting the dots and draw a line!}" 크고 작은 값진 경험들이 어느 순간엔 빛을 발할 것이다.

ACTION POINT!

우리 남매 모두 미술을 좋아했고 미술부로 활동하기도 했다. 중간에 진로를 바꾸긴 했지만 한 명은 결국 건축을 전공했다. 내가 미술을 계속하지 않은 이유는 엄마의 조언을 듣고서다. 미술로 눈에 띄게 성공하기도 힘들겠지만, 그렇다 해도 싫다고 하셨다. 삶에는 스트레스 없이 순수하게 좋아하는 것이 남아 있어야 살다가 힘들 때면 거기에 기댈 수 있다고 말씀하셨다. 미술이든 음악이든 인생의 숨 쉴 구멍이 되어 쉬어가는 안식처가 되면 좋겠다 하셨다. 어린 시절 나는 이러한 생각이 이해되지 않고 서운했지만 이제는 안다. 지금 나는 스트레스를 받을 때면 음악을 듣고 그림을 그린다. 좋아하는 것을 무조건 직업으로 선택해야지만 행복한 것은 아니라는 사실도 말해주고 싶다.

보이는 영역이 달라진다

: 제2외국어

AI와 기술의 발달로 외국어는 더 이상 배울 필요가 없다고 한다. 번역기가 동시 번역을 해주기 때문에 현지 언어를 몰라도 여행하기에 무리가 없다. 맞는 말이다. 곧 외국인과 소통하기에 문제없는 세상이 곧 올 것이다. 하지만 언어를 배우고 구사하는 것에는 다른 의미가 더 있다. 나는 오랫동안 외국에서 산 것도 아니고 원어민처럼 말을 구사하지는 못한다. 하지만 영어와 중국어로 일상을 이어갈 수는 있을 정도의 실력인 평범한 한국인이 느낀 몇 가지를 이야기해보려 한다.

먼저 외국어는 언어다. 언어는 뜻을 전달하는 데 중요한 의미가 있지만, 의미를 잘 전달하기 위해 수반해야 할 것들도 있다. 마음과 감정, 그리고 몸짓이다. 그 부분은 기술이 대신할 수 없다. 감정을 반영한 AI가 개발되고 있다지만 그 영역을 가장 잘 소화할 수 있는 건 결국 사람이다. 언어에 담긴 마음과 감정이 진심으로 전달되어 상대를 움직이는 것이다. 그래야 진정한 소통이 이뤄질 수 있다.

언어에는 그 나라의 문화, 역사, 사람이 녹아 있다. 문서를 보면 쓴 사람의 성격과 성향이 보이는 것과 마찬가지다. 그 나라의 역사와 문화, 사람에 대해 이해하고 나면 언어를 배우기 수월하다. 시간이 지나면서 그 나라 사람들의 특성과 삶에 맞추어 언어가 다듬어져 변했기 때문일 것이다. 따라서 배경을 먼저 이해하면 언어를 배우기 쉽다. 외국어를 배운다는 것은 단순히 보이는 글자만을 외우는 게 아니다.

물론 업무에도 도움이 된다. 외국어를 배워두면 언젠가는 새로운 기회도 얻게 된다. 하지만 영어가 아닌 제2외국어만 알고 있는 것은 큰 의미가 없다. 세계 공통어인 영어를 우선 알아야 제2외국어를 쓸 기회도 생긴다. 예를 들면 이해가 쉽다. 외국계 회사는 매주 컨퍼런스 미팅도 하고 분기별로 만나 나라별 성과를 공유한다. 모든 미팅과 회의는 영어로 진행된다. 요즘은 많은 중국계 사람들이 회사의 요직을 차지하고 있는데 회의 쉬는 시간이나 파티에선 그들끼리 중국어를 쓴다. 중국어를 구사하는 나는 그들과 어울리는 시간을 갖는다. 친분이 생기고 친구가 되기도 한다. 업무는 수월해지고, 중국에서의 기회도 늘어났다.

일본어를 몇 개월 배우다 멈추었지만, 아주 멈춘 것은 아니다. 일본에 대해 직접 알아보고 공부하고 싶다. 일본 여행을 가보면 영어를 알아듣지 못하는 사람들의 비중이 다른 나라보다 많아 답답할 때가 있다. 몇 년 안에 일본어로 소통할 수 있게 공부하고 싶다. 외국어를 공부하면 할수록 보이는 영역도 달라질 것이다.

ACTION POINT!

대가 없이 남는 것은 없다. 학원비가 부담스럽다는 핑계도 대지 말자. SNS로 무료로 공부할 수 있고 OTT를 통해 드라마와 영화로 일상 표현도 배울 수 있다. 배우고자 하는 의지와 실천할 몸만 있으면 된다. 내일부터? 아니 지금부터!

평생 직장은 없다

: 이직의 기본

한국 대기업, 외국 지사, 외국계 기업, 현지 법인 등을 모두 경험했다. 한 단계 더 들어가 비즈니스 유형을 기준으로 오프라인 매장 중심, 유통 중심, 온라인 플랫폼 등 또한 모두 경험했다. 누군가는 말했다. 끈기가 없어서 한군데 집중하지 못하는 것이라고. 그렇게 말했던 누군가는 지금 나에게 와서 말한다. 한곳에 머물러 있었더니 은퇴 후 할 줄 아는 것이 없다고. 그때 그렇게 말해서 미안하다고. 그래서 지금 좀 도와달라고. 하지만 그런 선배들을 존경한다. 어쩌면 그들이 말한 것처럼 난 일정 부분 몸담았던 곳에 적응하지 못했기에 다른 생각을 하지 않았을까. 선배들이 한두 개의 회사에서 평생 일하는 동안 얼마나 많은 인내가 필요했을까 생각하게 된다.

다양한 일을 경험하는 게 더 좋다는 말은 절대 아니다. 내가 지나온 이력과 경력이 정답이라는 말도 아니다. 남들과 다른 선택을 하는 것에는 상상할 수 없는 불안감과 남을 설득하고 증명하는 과정이 따라온다. 결과적으로 만들어진 크고 작은 성과들이 지금의 나를 웃게 하지만, 지금까지 나의 회사생활은 하루하루가 치열했다. 요즘 직장인들에게 이직은 자연스러운 일이 되었다. 무엇인가가 자기와 맞지 않으니 이직을 하겠다는 생각이 들었을 것이다. 또 다른 아쉬움을 반복하지 않으려면 흔들리지 않는 중심이 있어야 한다. 치열하게 고민하고 선택해야 하며, 선택 후엔 그것이 옳았다는 것을 스스로 증명해내야 한다.

처음 한국 대기업에 입사한 것은 행운이었다. 어떤 시스템과 부서, 업무가 있어야 회사가 유지되는지 기본이자 전체를 배웠다. 외국 브랜드 마스터프랜차이즈를 인수해 모아둔 계열사에서 한국과 외국 기업의 특성 모두를 경험할 수 있었다. 매장 중심의 사이클이 빠른 QSR^{Quick Service Restaurant} 산업에서 성과를 내고 보니, 중요한 시장으로 꼽히는 중국으로 진출할 기회가 생겼다. 수립한 전략과 실행으로 회사가 두 번의 매출 턴어라운드를 했고, 매장 중심의 비즈니스도 어느 정도 알겠다는 생각이 들었다.

그러면서 유통이 눈에 들어왔다. 매장 중심 비즈니스를 하면서 공간의 제약을 넘어선 유통을 알아야 세상이 돌아가는 것을 제대로 이해하고 판단할 수 있을 것 같았다. 중국에서의 성과는 일본으로의 기회로 이어졌지만, 과감하게 한국행을 선택했다. 모두가 바보 같은 선택이라 말했다. 처음 사회생활을 시작하는 것처럼 콘텐츠 유통, 한국에서 외국으로 나가는 유통, 외국에서 한국으로 들어오는 유통을 모두 직접 뛰어들어 업무로 경험했다. 성과도 이어졌다. 유통을 경험하고 나니 플랫폼과 IT 경험도 필요하다고 생각했다. 그 또한 실천했다.

마지막엔 마스터프랜차이즈 계약 인수를 진행했다. 한국에 이미 많은 브랜드가 들어와 있고, 한국 브랜드가 외국으로 나가는 경우도 많아졌기에 쉽게 할 수 없는 경험이라 꼭 해내고 싶었다. 결론은 해냈다. 먼 훗날 회사를 운영할 수도 있기에 미리 연습도 필요했다. 그래서 임원으로 일하며 회사 전체를 운용해보기도 했다.

이렇게만 나열해보면 있는 것 없는 것 앞뒤 없이 마음대로 한 것만 같지만 그렇지 않다. 나의 목표는 '어떤 산업군이라도 경계에 구애받지 않고 투입되어 성과를 창출할 수 있는 사람이 된다'는 것이었다. 과정은 치열하고 힘들었으나, 지금은 어느 정도 만족한다. 다음 단계의 목표가 무엇이냐 묻는다면, 지금은 이전보다 속도를 늦추고 가족과 건강에 시간을 좀 더 할애하고 싶다.

나의 경험에서 힌트를 얻었다면 이제 스스로를 살펴보자. 먼저 커리어의 목표를 생각해보자. 시기와 상황마다 목표는 달라질 수 있다. 달라지는 목표에 자책하거나 끈기가 없다고 여기지 말자. 고민을 하는 것은 하지 않는 것보단 낫다. 중요한 것은 사람마다 추구하는 삶의 모습이 다르다는 점이다. 주어진 환경에서 만족한다면 상태를 유지하는 것 또한 좋은 목표가 될 수 있다. 본인의 성향, 커리어를 통해 이루고 싶은 모습을 고려하여 목표를 세우자.

목표가 섰다면 대략의 로드맵을 구상해보자. 세세한 계획을 세울 수 없더라도 굵직한 방향성은 세울 수 있다. 굵직한 방향성이 서면 최소한 한두 개의 행동 플랜도 따라온다. 자연스럽게 나아갈 곳이 보일 것이다.

커리어의 목표를 수립했는데 이직이 불가피하다면 다음 단계로 넘어가자. 경력직을 인터뷰할 때 마음에 드는 지원자를 만나면 이 질문을 한다. "이직에 가장 중요한 요소가 무엇인가요?" 뽑고 싶은 지원자이기 때문에 지원자가 가장 중요하게 생각하는 요소를 확인하고, 그 요소가 우리 회사에 있는지 확인하기 위함이다. 반대로 우리는 지금 지원자의 입장에 서 있으니 거꾸로 생각해보자. 내가 회사를 선택하는 중요한 요소는 커리어의 목표에서 파생된다.

결혼을 했고 아이도 있다. 바쁘게 달려왔지만 지금은 속도를 늦춰야 할 상황이다. 그렇다면 연봉이 적더라도 야근이 적고, 업무의 사이클이 빠르지 않아 변화가 적은 산업군의 회사여야 한다. 도전적이고 변화를 즐기며 열정적인 사람인데 업무가 정적이라 나에게 맞지 않는다는 불만이 지속적으로 든다면 이직 시,

나에게 주어질 업무의 성격에 집중하여 알아봐야 한다. 업무와 상관없이 함께 일하는 사람들이 어떤 성향인지가 중요한 경우도 있다. 안정적인 인간관계에서 성공적인 성과를 낼 확률이 높다면 함께 일하게 될 사람들에 대해 미리 알아보자. 최근 인터뷰에서는 회사의 고용 안정성에 대해 묻는 지원자도 있었다. 경제가 어렵고 한순간에 무너지는 회사들이 심심치 않게 뉴스에 나온다. 최소한의 고용 안정이 보장되는 것이 중요한 사람도 있을 수 있다. 다른 것들은 필요 없고 연봉이 높으면 만족하는 사람도 있으니, 나의 성향과 지금의 상황을 잘 살피고 명확하게 판단하자.

이직에 있어 한 가지 꼭 당부하고 싶은 것은 있다. 판단하는 기간이다. 이 일이, 이 회사가 나에게 맞는지 아닌지 판단하는 기간을 너무 짧게 두지는 말자. 적어도 1년 이상은 다녀봐야 잘 판단할 수 있다. 사회 초년생이라면 2년에서 3년은 다녀봐야 안다. 그 시간이 너무 아깝다고? 절대 그렇지 않다. 그 속에서 배우는 것이 있다. 이직을 고민하는 사람이라면 어떤 환경에서도 생각 없이 시간을 보내지 않을 것이다. 그리고 어떤 직장이라도 나와 100% 맞는 곳은 없다는 것을 명심하자. 연인 관계도 가족 관계도 맞추기 힘든 부분이 생긴다. 회사도 같은 이치다. 그 안에서 최선을 다해 나에게 도움되는 것을 찾고 배우고 노력하자. 그럼에도 불구하고 이곳은 아니다 판단되면, 아닌 이유를 정확하게 진단하고 정의하여 다음을 준비하면 된다.

이직을 준비하는 동안의 태도도 중요하다. 가장 힘든 것은 나 자신이다. 어떤 경우라도 나 자신을 믿고 보듬어주자. 사회 초년생 시절의 나는 그러지 못했다. 스스로 자책하며 채찍질했다. 지나고 보니 어린 내가 참 대견하고 안쓰럽다. 그러니 어떤 모습의 나라도 사랑해야 한다.

그리고 이직이 어느 정도 확정될 때까지는 몸담고 있는 회사에 소문나지 않게 하자. 이직을 준비하는 것이지 최종 결정된 것은 아니다. 이직에 실패하는 경우도 있기 때문에 부정적인 인식과 인상을 굳이 만들 필요가 없다. 동시에 이직을 준비한다고 해서 기존 회사의 업무에 소홀하지 말자. 월급을 받고 있고 그렇기에 맡은 일에 최선과 책임을 다해야 한다. 세상은 우리가 생각하는 것보다 좁다. 나의 지난 흔적이 미래의 내 명함이 되어 나타나는 경우가 꼭 생긴다.

어떤 방향으로 새로운 도전을 하든 응원한다. 시작을 했으면 중간에 멈추지 말고 끝까지 성공적인 결과를 창출하기를 바란다. 중간에 포기하는 것도 습관이 된다. 포기하면 적응 못 하는 사람이 되는 것이다. 끝내는 무언가를 남겨 여러분이 선택한 길이 의미가 있기를 바란다.

ACTION POINT!

지금 하는 일이 나와는 맞지 않은가? 충분한 시간을 두고 반복적으로 같은 생각에 도달했는가? 나의 상황과 시기를 고려하여 어떤 목표를 수립할 것인가? 목표에 따라 무엇부터 행동으로 옮겨야 하는가? 이 질문들에 대한 답변이 구체화되었다면 긍정적 에너지를 충만하게 가동해 움직이자.

남들보다 주목받아야 뽑힌다

: 이직도 경쟁

    취업한 경험이 있으니 이직 준비는 한결 수월하고 부담도 덜할 것이다. 조금이나마 도움이 되었으면 하는 마음으로 몇 자 남긴다. 이직도 뽑는 사람이 '나를 왜 뽑아야 하는지?' 질문하는 것에서 시작해야 한다. 그들은 경력직에 대해 2가지 기대를 한다. '경력직이니까 지금 바쁜 업무에 투입되어도 바로 해낼 수 있겠지? 신입보다 빠르게 적응해서 업무를 덜어줄 수 있겠지?' '사회생활을 해봤으니 적어도 조직생활에 사고 없이 잘 융화되겠지?' 하는 것이다. 이 2가지가 이력서와 면접에서 충분히 피력되어야 한다.

    이력서를 먼저 보자. 경력직 JD^{Job Description}는 비교적 구체적이다. 그러니 JD를 분석하여 원하는 것이 무엇인지 명확하게 분석,

판단하는 것이 필요하다. 회사가 원하는 방향성을 알아내고 그것을 중심으로 이력서를 작성한다. 신입 사원의 이력서와 구분해야 하는 점은 지금까지 진행한 업무 내용이 중심이 되어야 한다는 것에 있다. 신입 사원은 아직 경험이 없으니 다양하게 해온 활동을 통해 업무도 잘 해낼 수 있다는 가능성을 표현한다. 진행한 업무의 큰 그림, 그 안에서 내가 기여한 부분, 기여한 부분에 대한 상세 내용, 그리고 결과를 정성적, 정량적으로 정리한다. 뽑는 사람이 도움받고 싶은 업무 영역에 내가 적합한 지원자라는 신호를 보내야 한다. 간단해 보이지만 어렵다. 정형화된 이력서 형식은 없기에 나를 표현할 수 있는 적합한 유형도 만들어내야 한다.

내가 실제로 사용하는 국문 경력 이력서 형식을 살펴보자. 한국 기업은 사진을 원하는 경우가 많아 이력서에 넣지만, 영문 이력서에는 사진을 넣지 않는다. 그 외에는 모두 같다. 이력서 쓰기가 막연하다면 내 양식을 참고하기 바란다. 첫술에 배부를 수 없으니, 자신을 표현할 수 있는 다양한 방식을 시도하여 지속적으로 업데이트하자.

자기소개서는 팀원, 중간관리자, 임원에 따라 다르게 써야 한다. 팀원이라면 주어진 일을 책임감 있게 끝까지 해내며, 주도적으로 발전시킨다는 내용이 있어야 한다. 동료들과 함께 성장할 수 있는 긍정적인 태도가 더해지면 금상첨화다. 중간관리자는

이름 | 전화번호 | 이메일 정보

핵심 역량

남들과 차별화되는 나만의 핵심 역량 문구로 표현

핵심 성과

지금까지의 경력에서 도출된 성공적인 핵심 성과에 대한 정량·정성 표현

상세 업무

회사명, 업무 기간, 직급 또는 타이틀, 해당 회사에서의 상세 업무 영역별로 정리 및 반영

교육

최종 학력 정보 표기

자기 소개

지원 포지션에 적합한 자기소개서 작성

여기에 한 가지가 더해진다. 팀원을 관리하고 이끌 수 있는 역량이 있어야 한다. 동시에 임원과의 원활한 소통을 통해 전달받은 내용을 팀원들과 정확하게 공유하고 건설적으로 실행할 수 있다는 신호가 있으면 좋다. 임원은 회사의 손익을 창출할 수 있는 전략적 사고와 실행력을 지니고 있어야 한다. 실질적으로 구현 가능한 방법을 찾아내고, 팀장과 팀원들이 해낼 수 있도록 지시

하고 관리할 수 있어야 한다. 여기에 그치지 않고 성장하는 구성원을 만들어낸다면 좋은 임원이다. 지원하는 직급에 따라 다른 기조를 가지고 작성하길 바란다.

마지막으로 이력서와 자기소개서 모두에 공통되는 당부가 있다. 기본적인 문서 작성법은 꼭 지키자. 띄어쓰기와 맞춤법, 내용의 경계를 나타내는 적절한 문단 나누기, 새로운 문단에서의 한 칸 들여쓰기 등등. 기본적인 사항을 잘 점검하고 지키자. 신입 사원이라면 눈에 거슬리더라도 넘어가줄 수 있지만 경력은 다르다. 이력서와 자기소개서 문서도 제대로 못 만드는데 어떤 업무를 맡기겠는가. 모두 작성한 뒤 제삼자의 입장에서 한 번만 점검하면 된다.

ACTION POINT!

인터넷에서 찾은 내용들을 그대로 쓰지 말자. 참고만 해야 한다. 나도 봤으면 다른 사람들도 봤다는 의미. 이직도 경쟁이다. 남들보다 주목받아야 뽑힌다는 기본 성격을 기억하자. 정답은 내가 이룬 과거에 있다. 내가 했던 일들을 찬찬히 나열해보고, JD 분석을 통해 강조할 점을 매칭하여 중심을 잡자. 그 중심을 바탕으로 살을 붙이면 된다. Good luck!

스타트업에서 일하고 싶다면

: 성장 가능성과 생존

시장은 발 빠르게 변화하고 있고, 미국 실리콘밸리는 전 세계 스타트업 회사들의 상징과 희망이 되었다. 내가 글을 쓰고 있는 지금도 누군가는 잠을 줄여가며 수많은 시도와 도전을 하고 있다. 지금은 대기업이 된 곳도 시작은 미미했다. 우리가 잘 알고 있는 글로벌 패스트푸드점인 맥도날드는 딕과 마우리스 형제에 의해 1940년대 후반에 시작되었다. 캘리포니아주의 샌버너디노의 작은 식당에서 시작해 글로벌 브랜드가 되었다. 애플의 창립 이야기도 유명하다. 스티브 잡스, 스티브 워즈니악, 로널드 웨인에 의해 1976년 4월 1일에 창립되었다. 각자의 집에서 일하며 컴퓨터의 최종 조립은 잡스의 집 차고에서 했다고 한다. 이와 같이 시작은 미약하나 끝은 창대하기를 바라며 스타트업의 일원이 되려는 사람들이 많다.

어느 순간부터 스타트업 회사의 투자 판단을 해달라는 요청이 종종 있다. 그 기준점이 회사를 선택하는 기준과도 크게 다르지 않아 정리하고자 한다. 나의 기준이기에 각자의 기준으로 가감하고 응용하기를 바란다.

핵심 인력 구성

조직이 작고 시스템화되어 있지 않기 때문에 핵심 인력에 의해 모든 결정이 이루어진다고 생각해도 과언이 아니다. 창업 초반의 작은 선택들이 규모가 커졌을 때 영향을 미치는 경우가 많다. 투자자들이 핵심 인력의 이력을 확인하는 것도 이와 같은 이유에서다.

핵심 인력의 이력을 미리 파악하고 추측한다. 불필요한 인력이 많은지도 확인하자. 비용을 효율적으로 운영하고 있는지 판단할 수 있다. 회사의 시기에 따라 핵심 인력 구성도 달라진다. 예를 들어, 기술을 개발하는 IT 회사라면 시작할 때 투자 유치, 기술 개발, 경영과 전략 수립 핵심 인력이 있어야 한다. 경영을 지원하는 인력이 재무와 회계, 인사 부분을 커버할 수 있는 인원이어야 한다. 기술이 완성되고 시장에 나가면 관련 인력을 구축

한다. 핵심 인력 구성은 스타트업 회사 경험 인력과 대기업 경험 인력이 적절하게 섞여 있으면 좋다. 회사는 시스템과 제도가 탄탄하게 뒷받침되어야 한다. 대기업과 스타트업의 시각이 적절하게 섞여 토론이 이루어져야 발전적이라고 판단한다. 스타트업 회사는 홈페이지에 핵심 인력에 대한 이력을 비교적 자세하게 기입하므로 어렵지 않게 정보를 찾을 수 있다.

핵심 강점의 경쟁력과 진입 장벽, 속한 시장의 미래 가능성

스타트업이 가진 무기를 봐야 한다. 먼저 속한 시장의 현재와 미래 가능성을 판단한다. 어떻게 판단하냐고? 정보가 없어서 판단이 어려운 시대가 아니다. 부지런히 찾아보자. 넘치고 넘치는 정보 속에서 판단의 기준을 세우는 것이 어려울 수는 있다. 혼자 못 하겠다면 주변에 도움을 요청해서라도 판단해야 한다. 결국 내 이력으로 남기 때문이다. 시장에 대한 판단이 끝났다면 홈페이지를 통해 가려는 회사의 핵심 경쟁력을 확인한다. 기술력이 될 수도 있고, 콘텐츠나 채널이 될 수도 있다.

시장과 핵심 경쟁력을 파악했으면 진입 장벽을 확인한다. 쉽게 따라 할 수 있고 비슷한 경쟁자가 많다면 진입 장벽이 낮은 것이다. 진입 장벽이 낮다고 무조건 나쁘다는 것은 아니다. 지속적이고 전략적인 계획이 수립되어 시장을 이끌고 수익을 창출할 수 있는 기반이 되어 있다면 괜찮다. 처한 상황을 잘 판단하자.

지속적인 투자 확보 가능성과 정교한 예상 손익

마지막은 생존에 관련된 것이다. 회사가 존재해야 직원이 있다. 어느 정도 현금 흐름이 확보된 자리 잡은 회사들과 달리 스타트업 회사는 마중물이 필요하다. 아무리 뛰어난 핵심 강점과 인력이 있더라도 회사가 유지될 수 있는 기초 자본이 없으면 무용지물이다. 투자금과 자본금이 향후 일정 기간 안정적인지 현재 상태를 파악한다. 회사가 지속적으로 소통하고 있는 곳들과의 거래 성사 가능성도 함께 파악한다.

동시에 내부에서 계획하고 있는 예상 손익 또한 확인한다. 미래 가능성을 숫자로 어떻게 계산하고 있는지 보는 것이다. 예상 손익이 정교하게 산출된다는 것은 많은 의미를 내포한다. 시장과 경쟁사, 제품 포트폴리오와 운영 전략, 마케팅 기획과 실행안이 포함되는 것은 물론, 회사 유지에 필요한 고정비와 인력 확장 계획, 그에 따른 복지까지 반영되기 때문이다. 대외비라 알 수 없다고? 스타트업 회사의 인터뷰에서는 이러한 점들에 관해 질문하면 바로 확인이 가능하다. 알려주지 않는 회사가 이상한 곳이다. 자신감과 확신이 없는 곳이므로 굳이 입사해 리스크를 질 이유가 없다.

어떤 기업의 형태가 더 좋다고 판단할 수 없다. 대기업은 안정적이지만 변화가 느릴 수 있고, 스타트업은 변화가 빠르지만 한순간에 사라질 수도 있다. 스스로의 성향과 경력 시점에 따라 현명한 선택을 하길 바란다.

취업이냐 취직이냐

: 나는 누구인가

취업과 취직의 의미를 생각해본 적이 있는가? 취업 준비생들이 내게 도움을 요청할 때 하는 첫 질문이다. 잠시 이 두 단어를 고민해보자. 취업에서의 업業은 한자로 '업 업'이다. '부여된 과업'이란 의미가 있다. 취직에서의 직職은 '직분 직'으로 직분, 직책, 벼슬을 의미한다. 두 단어가 명확한 구분 없이 통용되고 있지만 개인적으로는 구분했으면 좋겠다. 쉽게 이해해보자면, 취직은 회사에서의 역할을 맡게 되는 것이고, 취업은 우리가 하고자 하는 일을 가지게 되는 것이다. 즉 취직은 중심이 회사에 있고, 취업은 중심이 내가 하는 일이 무엇인가에 있다. 그러므로 지금 내가 취직을 하려는 건지, 취업을 하려는 건지 결정해야 그에 따른 방향성을 수립할 수 있다.

바늘구멍 뚫을 만큼 힘들기 때문에 어디든 받아만 준다면 가겠다는 마음으로 취직을 하게 된다. 조금은 결이 다르지만 나도 그중 하나였다. 앞서 이야기했듯 아나운서가 되고 싶었지만 부모님은 대기업에 입사하거나 사법고시를 준비하길 원하셨다. 끝내 부모님을 설득할 수 없었고 대기업에 입사하여 아나운서를 준비하는 것은 괜찮다는 합의점을 찾았다. 협의한 시점에서 가장 가까운 대기업 공채에 지원했고 입사했다. 경영학을 전공했기에 그래도 재미를 느꼈던 마케팅 부서에서 사회생활을 시작했다. 아나운서 준비는 생각했던 것과는 차이가 컸기에 스스로 중단했다. 회사 업무에 집중하기로 마음먹자 좋은 성과들이 반복 창출되면서 일에 재미도 생겼다.

중간중간 내가 원하는 일이 무엇인지 부지런히 고민했다. 이 과정에 쓴 에너지와 시간이 아깝지 않다. 처음 한국 대기업에서 일한 것은 나에게 아직 큰 도움이 되고 있다. 처음 선택했던 마케팅 일을 계속하고 있고, 성과도 내 성적처럼 따라온다. 그만큼 첫 직업과 직장이 중요하다는 말이다. 취업 준비생의 조급한 마음도 충분히 이해한다. 하지만 어쩌면 평생 해야 할 일이 될 텐데 아무렇게나 시작할 수는 없지 않을까? 조금만 여유를 가지고 지혜롭게 선택해보자.

회사의 입장도 고민해봐야 한다. 회사 입장에서는 함께 일할 사람을 뽑는 것이다. 즉 지원자가 어떤 사람인지 파악하여 뽑을

지 말지 결정한다는 의미다. 그러려면 먼저 나에 대해 잘 알고 표현해야 한다.

나라는 사람 자체가 어떤 사람인지 곰곰이 생각하여 적어보자. 어떤 성격을 가지고 있는지, 생활 습관과 가치관이 어떤지 등 큰 카테고리에서 시작해 세부적으로 들어가면 된다. 외향적인 성격인지, 내향적인 성격인지, 남들과 어울리는 것을 좋아하는지 혼자 있는 것을 좋아하는지, 규칙과 규율이 명확하게 있는 것이 편할지, 아니면 그런 환경에서 답답함을 느끼고 스트레스를 받는지. 나라는 사람의 강점은 무엇이고 약점은 무엇인지, 약점은 어떻게 보완하며 살고 있는지 아니면 방치하고 있어 해결책을 찾아야 하는지.

객관적인 환경도 생각해보자. 어디에 살고 있는지, 가족과 살고 있는지 혼자 사는지, 중요하게 생각하는 환경적 요소가 무엇인지, 내 친구와 가족은 어떤 사람들인지. 생각나는 대로 적으면 비슷한 것끼리 주제가 묶이고 내가 어떤 사람인지 조금은 보일 것이다. 정리한 것은 따로 챙겨두자. 정리한 것을 이력서와 자소서, 면접에 어떻게 활용하는지 뒤에 이어서 설명할 것이다.

이 주제에서는 나에 대해 확인한 것을 바탕으로 회사의 종류를 선택해보자. 예를 들어 규칙과 규율이 있어야 마음이 편하고 무리에 속하는 것이 안정감을 준다면 외국계 회사보다는 한국 회사가 적합하다. 반대로 자율성이 조금은 있어야 본인의 잠재력이 잘 발현된다면 출퇴근 시간이 자유롭고 점심시간은 개인적으로 활용이 가능한 외국계 회사가 적합할 것이다. 사회에 공헌하는 가치관이 중요한 사람은 그에 맞는 활동을 많이 하는 기업에 함께해야 주인의식을 좀 더 가질 수 있다. 새로운 것을 기획하고 사람들과 협업하는 것에 흥미를 느낀다면 마케팅 부서가 좋을 수 있고, 그것이 부담스럽다면 지원 부서로 가는 등 직무에 대한 팁으로도 활용 가능하다. 나에 대해 고민하는 것은 나에게 맞는 회사를 찾는 데 도움을 준다. 동시에 회사 입장에서는 회사의 비전과 비즈니스 방향성에 적합한 사람을 뽑을 확률이 높아진다. 양측 모두 좋은 것이다.

ACTION POINT!

취업과 취직에 대해서도 생각해봤고, 나에 대해서 생각도 했는데 맞는 회사를 찾기가 힘들다고? 그렇다면 회사 홈페이지와 홍보 기사에서 힌트를 얻자. 회사의 인재상에는 원하는 인재의 모습이 요약되어 있다. 그리고 비즈니스 소개를 살펴보면 회사가 우선적으로 강조하고 싶은 특징이 순서대로 배치되어 있을 것이다. 홍보 기사까지 뒷받침되어 있다면 행운이다. 인재상, 주력 비즈니스, 홍보 기사 3가지가 같은 방향성을 가지고 있다면 그러한 성향의 회사일 가능성이 높다.

뽑는 사람의 시각을 파악하라

: 일머리와 긍정 에너지

어떤 문제든 본질을 파악하고 전략을 세우는 것이 가장 중요하다. 1분 1초가 부족해 자격증을 따고 공모전에 나가기도 바쁜데 본질을 파악하고 앉아 있으라니, 무슨 한가한 소리냐고 생각할 수 있다. 하지만 내가 산증인이다. 촘촘하게 분석해서 한 번에 대기업에 입사했고, 수많은 이직 프로세스에 합격하고 기회를 만들어냈다. 지금도 전략 수립과 실행을 업으로 하고 있다. 그러니 내 말을 한번 들어보길 바란다. 강의에서 이 얘기를 해주면 열에 아홉은 수긍한다. 나머지 한 명은? 강의엔 졸고 있는 사람이 꼭 있다.

문제의 본질을 파악하고 나만의 전략이 필요하다는 말은 이런 것이다. 날 상태가 좋지 않은 도끼를 모두에게 똑같이 나눠

준다. 그리고 사람 20명을 일렬로 세운 것보다 넓은 지름의 아주 큰 나무를 1시간 동안 베라는 미션을 준다. 다들 시간이 없으니 무작정 두드리기 시작할 것이다. 우리는 그러지 말자. 문제는 나무를 베는 것이다. 도끼가 중간에 부러지지 않으려면 나의 손에 착! 들어맞아야 한다. 그래야 내 손도 다치지 않는다. 도끼의 손잡이 부분을 먼저 사포질해야 한다. 도끼날의 상태가 좋지 않으니 시간을 단축하려면 날을 갈아야 한다. 손으로 잡는 그립감이 좋아지고 날도 적당하게 섰다면 도끼질을 시작하자. 여기서 모든 것을 계획하기 전에 잊어서는 안 될 것이 있다. 제한 시간이다. 고민할 시간과 준비 시간, 도끼질할 시간을 미리 분배해야 한다.

취업 준비생들이 하는 가장 큰 착각은 내가 잘하는 것을 보여주어야 한다는 생각이다. 그러니 떨어지면 자기가 부족하다고 생각하면서 온갖 자격증들을 더한다. 안타깝다. 뽑는 회사는 요구하지도 않는 듣도 보도 못한 자격증만 나열해놓으니 다시 떨어진다. 또다시 좌절하고 절망한다. 취업의 기준을 내가 아닌 '뽑는 사람'으로 바꾸어야 한다. 그들의 입장에서 필요한 사람이 누구일지 분석하고 그에 맞는 것들로 준비하고 피력해야 한다. 회사마다 원하는 인재상과 주력 비즈니스 성격이 다르고, 그에 따라 뽑는 사람들의 관점도 다를 것인데 수많은 케이스를 어떻게 다 맞추냐고? 이 질문을 생각했다면 그래도 조금은 똑똑한 사람이다. 지금은 어떤 경우라도 변하지 않는 기본을 파악할 것이다. 기본에 시각을 맞추고 취업의 방향성을 정한다. 그 뒤로 회사에 한 곳씩 지원할 때마다 자기소개서에 인재상과 주력 비즈니스를 녹이면 된다. 자기소개서 작성법은 뒤에 나오니 여기서는 뽑는 사람의 시각을 먼저 파악하자. 회사가 원하는 신입 사원은 어떤 사람일까.

일머리가 있는 사람

회사는 일하는 곳이다. 일을 통해 창출되는 성과로 이윤을 내고, 그 이윤은 회사가 유지되는 기본이 된다. '일은 잘하지만 싸가지가 없는 사람'과 '착하지만 일을 못하는 사람' 중에 누구를 뽑을 것인지 묻는 질문이 한동안 유행한 적이 있다. 전자를 선택하는 경우가 많았다. 그만큼 회사에서 일을 잘하는 것은 중요하다. 와닿지 않는다고? 그럼 좀 더 쉽게 설명해보자.

현재 기준 노동법에 정해진 하루 업무 시간은 8시간이다. 8시간 안에 다 끝내지 못하면 야근으로 이어진다는 뜻이다. 야근이 잦아지면 추가 인력을 요청한다. 야근이 되지 않게 미리 충원해주면 좋으련만 그런 회사는 거의 없다. 대부분 직장인의 바람은 최대한 야근을 줄이고 근무시간 안에 업무를 마무리하는 것이다. 이 상황에서 해야 할 업무량을 덜어주기는커녕 설명도 못 알아듣는 신입 사원을 뽑을 리 만무하다. 그러니 자격증 여러 개보다 중요한 것은 일머리가 있다는 시그널을 주는 것이다.

경력직이라면 그동안의 성과를 서류로 확인하고, 면접으로 재확인하면 되는데 신입 사원은 어떻게 판단할까? 뽑는 사람들은 인사 업무만 주업으로 하는 인사팀 직원들이다. 이력서를 살펴보고 면접을 하고 나면 어느 정도 가려낼 수 있다. 그리고 추가 꿀팁, 인사팀이 공고하는 지원 조건은 추가 인원을 요청하는 해당 부서에서 1차 작성을 한다. 작성한 내용을 인사팀 직원에게 서면 및 구두 전달하여 명확히 한다. 그리고 인사팀에서 그 팀에서 원하는 사람과 가장 근접한 사람을 뽑아주는 프로세스다. 알고 있으면 직무 지원 동기나 성공 프로젝트 등 자기소개서 항목 작성에 도움이 될 것이다.

우리가 면접장에서 보여주어야 할 것에는 무엇이 있을까? 바로 센스다. 그 말은 남들이 쓰는 말을 그대로 따라 하면 안 된다는 뜻이다. 이상한 말들로 튀어 보이라는 의미가 아니다. 같은 의미라도 센스 있는 감각의 단어를 사용하고, 거기에 논리와 일목요연함을 더해야 한다. 모호하다고? 어쩔 수 없다. 이건 사람마다 가진 스토리가 다르기 때문이다. 인터넷에 떠도는 가장 말도 안 되는 내용들이 '이렇게 질문하면 이렇게 대답하세요' 하는 것들이다. 무조건 떨어진다. 그걸 보는 사람이 얼마나 많을까.

기억해야 하는 것은 '같은 표현도 세련되고 센스 있게, 그리고 논리적인 일목요연함!' 여기에 뒤에 나올 주제들의 요령을 덧붙이면 된다. 그럼 어느 정도 방향성은 그릴 수 있다.

기존 조직에 융화가 잘 되는 사람

업무에 해당하는 일머리 말고 중요한 게 있다. 기존 조직에 별 탈 없이 잘 스며드는지 여부다. 이것 또한 뽑는 사람의 시각에서 생각하면 이해하기 쉽다. 8시간 안에 처리해야 하는 업무만 해도 시간이 충분하지 않은데 자꾸 사람들과 충돌을 일으키고 문제를 만들어 온다고 가정해보자. 따라다니며 뒷수습해야 하는 추가 업무가 생긴다. 혹 떼려다 혹 붙인 격이다.

그들의 일을 덜어줄 수 있는 사람이 필요하다. 기존 조직에도 잘 스며들 것 같이 둥글둥글한데, 추가로 밝고 긍정적인 에너지도 있다면 금상첨화다. 반복되고 새로울 것 없는 회사생활이 신입 사원으로 인해 분위기가 달라졌다는 칭찬을 듣게 될 것이다. 물론 일 잘하는 게 밑바탕에 깔려야 한다. 동료들이 "일도 잘할 것 같은 데 성격도 밝네. 좋아!" 하도록 말이다.

ACTION POINT!

지금 쓰고 있는 이력서와 자기소개서들을 다시 살펴보자. 뽑는 사람 입장으로 시
각을 바꿔 읽어보면 보일 것이다. 내가 아무리 좋은 물건을 만들어도 살 사람이 필
요 없는 물건이라면 팔리지 않는다. 그저 내가 좋아하는 고물이 될 뿐이다. 취업할
때도 내가 가진 강점들을 뽑는 사람이 좋아하게끔 정리해서 보여줘야 한다. 기억
하자.

끝까지 읽게 만들어라

: 이력서와 자기소개서

지금 처한 상황에 따라 취직과 취업에 관해 고민했고 시각도 뽑는 사람 입장으로 바꾸었다. 이제 대략적인 준비는 된 것 같다. 앞서 말했듯 공식처럼 모두가 외우는 답은 채용 과정에서 무조건 걸러진다. 인사팀 직원들은 이력서와 자기소개서를 매일 보는 사람들이다. 기본을 탄탄하게 만든 뒤 각자 응용해야 한다. 이력서와 자기소개서에 관해 꼭 알아야 할 근본적인 팁을 알려주겠다. 지극히 개인적인 노하우지만 분명 도움이 될 것이다.

눈에 띄는 이력서 작성하기

이력서의 항목과 지원 요건은 기업마다 다르다. 지원하고자
하는 기업이 지정해둔 최소 요구 사항을 미리 확인한다. 이 요구
사항을 채우는 것이 먼저다. 예를 들어 어떤 기업은 특정 영어
자격시험 점수가 있어야 지원이 가능하다. 매년 바뀌는 사항은
아니니 미리 점수를 확보해두자. 필수 지원 조건이 점수일 경우
고득점일수록 좋다. 하지만 상황이 여의치 않고 시간도 부족하
다면 최소 기준만 만족하고 다른 부분을 전략적으로 보충하는
것이 나을 수 있다. 어떤 부분이 나을지 효과적으로 판단하자.

이력서는 질문 거리를 만들어줄 수 있다면 베스트다. 거짓말
로 쓰라는 의미가 아니다. 특기와 취미를 활용하자. 이 항목에
나만의 개성을 심어 두자. 나도 면접 단계에서 모든 면접관이 특
기와 취미에 대해 질문했다. 웃음으로 시작한 면접을 못 봤을 리
없다. 별거 아닌 것을 특별하게 만들어야 내 이력서에서 면접관
의 눈을 멈추게 할 수 있다.

끝까지 읽게 만드는 자기소개서 쓰기

대기업 공채는 한 번에 몇천 명이 지원한다. 더하면 더했지 적

지는 않을 것이다. 나 또한 몇천 명의 지원자 중 최종 4명 안에 들어 입사했다. 그 기조는 지금도 변함없다. 취업준비생을 대상으로 강의를 하면 자기소개서를 참 못 쓴다는 생각이 든다. 그러니 지금부터 잘 읽고 매력적인 자기소개서를 쓰기를 바란다.

자기소개서도 마찬가지다. 시작은 뽑는 사람의 입장이다. 많은 자기소개서를 다 읽기란 무리다. 4가지를 기억하자. 우리는 ①뽑는 사람의 시선을 내 자기소개서에서 멈추게 해야 하고 ②흥미를 끄는 무언가로 본문을 읽게 해야 하며 ③끝까지 순조롭게 내가 전달하고 싶은 내용에 집중하도록 해야 하고 ④마지막으로는 잔상이 남아 기억되도록 해야 한다. 차이점이 느껴지는가.

모든 자기소개서는 지원하는 회사의 기본 정보를 아는 것에서 시작한다. 회사 홈페이지에 들어가 인재상과 비전, 진행 중인 활동들에 대해 살펴보고, 온라인으로 가볍게 정보를 검색하는 정도면 충분하다. 홈페이지는 회사의 대외적 얼굴에 해당한다. 그곳의 내용들은 단순히 한 명의 담당자에 의해 짧은 시간 작성된 것이 아니다. 회사가 지향하는 방향성과 만들고자 하는 문화와 구성원에 대해 많은 시간 고민하여 반영한 것이다. 그러므로 내가 그 회사에 적합한 사람이라는 것을 표현하려면, 먼저 회사의 지향점이 무엇인지 알아야 한다.

다음은 회사의 주요 키워드를 쓴다. 그리고 키워드 중에 나의 에피소드와 연결하여 부각할 수 있는 것을 찾는다. 예를 들어,

어떤 기업의 인재상이 도전적이고 진취적이며 세계 무대로 나아가는 구성원을 원하고, ESG 활동을 적극적으로 실행하고 있다고 가정하자. 그리고 자기소개서 주제 중 하나는 기억에 남는 프로젝트 경험이다. 본인이 진행한 프로젝트 중 ESG와 연결할 수 있는 경험이 있다면 그것으로 주제를 잡고, 그 과정을 도전적이고 진취적이게 표현하면 된다.

회사 정보와 자기소개서 항목 파악 그리고 나의 에피소드 연결까지 대략적으로 큰 방향을 잡았다면 다음은 제목이다. 시선을 끌고, 읽게 만드는 흥미로운 제목을 써라. 읽는 사람으로 하여금 "오호, 이게 무슨 내용일까? 집중해서 읽어 봐야겠다"라는 생각이 들게 해야 한다. 제목은 내가 쓴 글을 함축적으로 요약하여 나타내기도 하며, 읽고 난 뒤 잔상이 남는다면 제목의 글귀가 남게 될 확률이 높다. 제품을 사게 만드는 광고 문구와 같은 역할이다. 글을 쓰기 전에 떠오르지 않는다면 다 쓰고 마지막에 고민해도 된다. 취업을 준비하는 동안에는 길거리의 간판, SNS나 TV의 광고, 책에 나오는 문구 등 나에게 노출되는 모든 것 중 흥미롭고 매력적인 것들을 기록해두자.

자기소개서의 본문을 쓰는 팁은 너무 많아 이 책에 다 담을 수가 없다. 다만 그래도 팁을 주자면 객관적인 정보를 적절하게 활용하자. 숫자를 줄줄 나열하라는 의미가 아니다. 감성적인 부분도 필요하나, 사실을 쓸 때는 명확하게 집어 말하라는 뜻이다.

"프로젝트는 성공적으로 마무리되었습니다"라는 내용이라면 "프로젝트는 지난달 매출과 비교하여 42%의 성장을 하여 성공적으로 마무리되었습니다"라고.

ACTION POINT!

자소서 본문에 대한 팁이 적어서 아쉽다고? 위에 적힌 내용들만 바꾸어도 한동안은 수정할 게 많을 것이다. 기본을 잊지 않으면 응용이 가능하다. 그래도 모르겠으면… 내게 메일을 보내자. 누구에게나 적용되는 정답을 이해하지 못하면 회사에 지원해도 떨어질 것이 분명하니 방법은 개별 피드백뿐이다.

하찮은 경험은 없다

: 나만의 스토리

"이력서도 자기소개서도 어떻게 써야 하는지 잘은 몰라도 대충은 감이 와요. 그런데 지금까지 살아오면서 경험도 많이 없는 것 같고, 있다고 해도 쓸 만한 내용인지 판단이 안 되니까 답답해요." 앞서 읽은 내용들로 취준생을 대상으로 한 강의를 하면 따라오는 질문이다. 그 수강생과 한 시간만 얘기를 나눠 보면 쓸 내용이 최소 10가지 이상은 나온다. 그러면 표정과 눈빛이 달라진다. "저도 뭔가를 하면서 살았나 봐요" 하면서.

삶에서 그냥 지나가는 시간은 없다. 단지 취업이라는 문턱이 너무 커 보여 내 경험들이 소소하고 하찮게 느껴지는 것이다. 그리고 뽑는 사람들도 스티브 잡스가 애플을 만든 것과 같은 대단한 경험치를 기대하지 않는다. 작은 경험이라도 그 안에서 어떤 과정을 통해 배움을 얻고 태도가 바뀌었는지 본다. 그래야 그것을 업무에 대입했을 때 건설적 결과와 성장으로 이어지기 때문이다. 이해했는가? 작은 경험을 그냥 흘려보냈는지 아니면 의미있게 발전시켰는지가 포인트다.

강의를 할 때마다 수강생들에게 나만의 스토리 리스트를 만들어보라는 과제를 준다. 주제를 정해서 정리하도록 시켜보았는데 시간도 오래 걸리고 수강생들이 힘들어했다. 시간순으로 쓰는 것이 가장 명확하고 심플하다. 태어나면서부터 지금까지 자신의 스토리를 적어보자. 기억이 안 나는 부분은 부모님과 주변에서 들은 말들로 채우면 된다. 시간순, 주제, 주제에 대한 부연 설명들로 가로축을 잡고, 세로에 내용을 채워간다. 처음 한 번으로 완벽하게 만들 수 없다. 기억이 추가될 수도 있고, 쓴 내용을 점차 정교하게 업데이트도 해야 한다. 이 리스트는 모든 자소서와 면접의 기초 자료로 활용할 수 있다.

그래도 쓸 만한 내용이 전혀 없다고? 편의점 아르바이트가 전부라고? 실제 들어본 질문이다. 그래서 편의점 아르바이트를 어떻게 했는지 상세히 들어보았다. 점장이 매출이 줄어 고민하는 것을 보고 잘 팔릴 만한 제품의 자리를 옮겨봤다고 한다. 선입선출 제품들을 어떻게 배치해야 하는지 고민하고 그것도 접목해봤다고 한다. 그렇게 해서 매출이 올라 칭찬을 받았다고 한다. 다음 아르바이트생과 교대할 때는 그날 팔린 제품 리스트와 잔

돈 등을 이관하는 프로세스도 거쳤다고 설명해줬다.

　나는 그저 질문만 했다. 모든 얘기는 지원자가 직접 경험한 것이다. 아무것도 아닌 것 같은 아르바이트에도 유통 산업의 기본 구조, 마케팅, 인사 등 많은 부분이 포함되어 있다. 이 중 어떤 부분이 지금 지원하는 회사의 직무에 맞을지 확인하여 구체화하면 된다.

ACTION POINT!

자신감이 조금은 생겼는가? 신입 사원을 예로 들었지만, 경력직 이직도 마찬가지다. 기본에 약간의 방향성과 응용을 더하자. 움직이자, 정교하게 전략적으로.

호감과 신뢰감을 주려면

: 면접 기본기

면접이 남았다. 다대일 면접, 다대다 면접, 토론 면접, PT 면접 등 여러 가지가 있다. 모든 면접별 팁을 알려주고 싶지만 온종일 말해야 하니 한계가 있다. 그래서 이 파트에서는 어떤 유형이든 적용되는 기본 바탕을 공유하려 한다. 기본기를 제대로 익히고 본인만의 특별한 콘텐츠와 기량을 얹으면 합격하지 못할 면접은 없다.

옷장 정리를 하는데 촌스러운 분홍색 원피스를 발견했다. 그 옆엔 허리 라인이 들어간 검은색 재킷도 있다. 아나운서 입사 지원 사진을 찍을 때와 면접 때 입었던 옷이다. 입지도 버리지도 못 하고 10년 넘게 옷장에만 두다가 최근에 기부했다. 아나운서 아카데미에서 연결해준 청담동 미용실에서 머리를 하고 메이크

업도 받은 적 있다. 머리 자르고 파마하는 데 50만 원, 메이크업에 30만 원을 썼다. 사회 초년생인데 다 합쳐 200만 원 가까운 돈을 썼다. 지금 생각하면 참 어리석었다. 선생님들이 그러라고 하니 그게 정답인 줄 알았다. 제대로 가르쳐주는 이가 없었구나 싶다. 이런 것들은 하나도 중요하지 않다.

대기업 입사 면접을 볼 때는 언니의 블라우스를 빌려 입었고, 치마는 학교 앞에서 검은색으로 3만 원 정도 주고 산 것 같다. 그래도 최종 합격했다. 지원하는 회사의 성격에 맞게 준비하는 것은 중요하지만, 꼭 돈을 써야 하는 것은 아니란 뜻이다. 더 중요한 것은 면접의 본질을 파악하고 그에 맞게 전략적으로 알맹이, 즉 콘텐츠를 준비하는 것이다. 이미 많은 돈을 썼다면 쓴 돈이 아깝지 않게 지금부터는 방식을 바꾸어 실천해보자.

시작은 당연히 뽑는 사람의 입장이다. 이쯤 되면 언급하기 전에 눈치채야 한다.

화려하고 멋진 화장보다 호감을 주는 인상이 중요하다

전문가의 손길을 빌려 멋진 화장을 했지만, 면접 내내 무표정이거나 입을 삐죽거리고 있다고 가정해보자. 자신이 면접관이라면 그 사람에게 호감이 가겠는가? 면접관도 사람이다. 짧은 시간이라도 눈을 마주했을 때 기분 좋은 사람이 좋다. 우리는 호감을 주는 사람들 중에서도 잔상에 남는 호감을 주어야 한다. 그러려면 본인의 얼굴에 가장 자연스러운 인상을 찾아야 한다.

거울을 꺼내 얼굴을 바라보자. 대부분의 사람들은 자기 표정을 잘 알지 못한다. 얼굴의 어떤 근육을 자주 쓰는지도 모른다. 그것을 아는 것이 첫 단계다. 그다음은 ①부담스럽지 않은 눈빛 ②다정한 웃음 ③적당히 진지하지만 자신감 있는 밝은 표정을 찾는다. 본인의 얼굴에서 가장 자연스러운 정도를 찾는 것이기 때문에 내가 해줄 수 없는 영역이다. 그리고 절대로 한 번에 찾아지지 않는다. 거울을 가지고 다니면서 수백, 수천 가지 표정을 지어보고, 면접관의 입장에서 이 정도면 괜찮겠다 싶은 표정을 습관화하자.

비싼 의상보다 자신감 있고 신뢰를 줄 수 있는
자세와 태도가 중요하다

명품 로고가 크게 보이는 멋진 의상을 입고 건들건들 입장하여 다리를 쩍 벌리고 앉았다. 어떤 느낌이 들겠는가? 물론 상상이 용이하고 이해를 돕기 위해 조금 과장되게 표현했지만, 그만큼 보이는 것보다 기본적인 예의를 갖춘 태도가 중요하다는 의미다. 신뢰를 주는 요소는 ①적절한 걸음걸이 ②적당히 긴장했지만 당당하게 펴진 어깨 ③부담스럽지 않은 바른 앉은 자세 ④적절한 속도의 말 ⑤신뢰를 주는 목소리와 크기 등이 있다. 모호할 수 있지만 이것도 내가 대신 찾아줄 수 없다. 5가지 요소를 염두에 두면서, 본인에게 어색하지 않은 자세와 태도를 찾아야 한다.

겉모습이 전혀 중요하지 않다는 의미는 아니다. 깔끔한 겉모습은 기본이다. 어떤 옷이라도 깔끔하게 정돈하여 입어야 하며, 머리를 단정하게 정리하여 깨끗한 이미지를 주어야 한다. 그러고 난 후, 앞서 제시한 팁들이 발현되어야 하는 것이다. 헝클어진 머리와 튀어나온 셔츠는 아무리 콘텐츠가 좋아도 긍정적인 결과를 기대하기 힘들다. 기본이 충족되어야 내가 전달하고 싶은 콘텐츠에 집중하게 할 수 있다. 옷차림은 자기소개서의 맞춤법과 같은 역할이라 보면 된다.

면접은 제삼자의 도움을 받아라

자기소개서의 경우 또래 집단이 모여 연습하는 것은 권하지 않는다. 비슷한 수준의 사람들이 모여 공부하는 것은 큰 효과를 볼 수 없다. 코칭이 가능한 선배나 전문가 의견을 듣는 것이 효과적이다. 반면 면접은 또래와의 스터디로 긍정적인 피드백을 어느 정도 받을 수 있다. 여건이 된다면 처음 한두 번은 경험이 있는 선배나 전문가의 의견을 듣고, 그 피드백을 바탕으로 또래 친구들과 연습해보기를 추천한다. 취업 프로세스 도중이라면 지원한 회사에 맞게 모의 면접을 연습해야 한다.

수많은 인터뷰에 참석해 신입 직원을 뽑았고 지금도 뽑고 있다. 수능 출제자가 알려주는 수능 대비법이라는 말이다. 그러니 값비싼 준비에 집착하거나 좌절하지 말고 고퀄리티 태도와 알맹이로 면접의 지름길을 택하자.

ACTION POINT!

면접은 실제인 것처럼 수없이 연습해봐야 한다. 그래야 어디서 말이 꼬이는지, 어디서 표현이 잘 되고 안 되는지 알 수 있다. 어떤 부분을 강조해야 하는지 나만의 전달 노하우가 생긴다. 얼마의 시간이 지나면 자세가 흐트러지는지, 말하면서 하는 손짓이 효과적인지 거슬리는지 판단해야 한다. 좋은 부분은 강화하고 보기 싫은 부분은 하지 않는 연습이 필요하다.

6장

행복한 인생을
향한 지름길

참 어려웠다. 수학 공식처럼, 문학 지문처럼 삶을 살아가는 방법을 알려주면 좋으련만 스스로 터득해야 했다. 시기를 놓쳤다고 생각하는 아쉬운 부분도 있다. 같은 시대를 먼저 살아간 적당한 나이 차의 누군가가 있었으면 참 좋았겠다 싶다. 그래서 내가 그런 사람이 되어주려 한다. 어렸던 그때의 나를 생각하면서.

투자는 필수라는 말이 있는데 그 말에 전적으로 동의하지는 못하겠다. 투자를 통해 인생이 나락으로 가기도 하기 때문이다. 하지만 돈 공부는 해야 한다. 말 그대로다. 돈과 관련한 경제, 정치, 사회 공부는 어릴 때부터 관심 가지고 지속적으로 하길 바란다. 나는 그러지 못했기에 후회하는 부분이다. 덜컥 투자에 발 담그지 말고, 저축 공부부터 시작하자.

패션과 외모 관리도 필요하다. 사람의 내면을 이마에 써 붙이고 다닐 수 없다. 보여지는 부분이 첫인상을 결정하고, 결정된 첫인상은 많은 부분에 영향을 준다. 게으른 나도 하고 있는 방법들이니 따라하기 쉬울 것이다.

삶에서 사랑은 포기할 수 없다. 사랑의 여러 유형이 있지만 연인과의 관계만 담았다. 연인 관계에서만 배우고 느낄 수 있는 것들은 인생에서 매우 중요하다. 계산적인 만남이 좋다는 조카의 말에 충격을 받고 쓰게 되었다. 우리 사랑 없이 삭막해지지는 말자.

주변에 도움받을 어른이 없거나 부모님에게서 독립한 사람들이 많을 것이다. 나도 그랬다. 그때마다 도움받은 옛말들이 있다. 예로부터 내려오는 말들이니 지혜가 담겨 있을 것이다. 상황이 꼭 맞지 않더라도 옛말을 통해 나만의 가치관을 만들어 가보자.

결국 우리는 각자의 방법으로 행복하고 싶어한다. 행복이 무엇인지는 잘 모르겠지만, 나에게 행복은 사랑하는 사람들과 무탈하게 많이 웃는 것이다. 쉬운 것 같지만 참 어려운 일이다. 스무 살도 서른 살도 어려운 당신, 나의 이야기가 도움되기를 바란다.

돈 공부는 지금부터

: 재테크

　　마이크로소프트의 빌 게이츠, 애플의 스티브 잡
스, 페이스북의 마크 저커버그, 버크셔 해서웨이의 워런 버핏.
이들의 공통점은 유대인이라는 것이다. 힘든 시기의 역사를 보
내고도 소수의 유대인이 경제를 움직이는 막강한 힘을 가지게
된 것은 그들의 교육이 한몫한다. 어릴 적부터 경제 교육을 하
는데, 기본은 돈을 관리하는 방법과 그에 따른 책임이다. 아이
가 태어나면 아이 명의의 보험증권, 적금 통장, 그리고 증권 통
장을 만든다. 아이는 자라면서 용돈을 통해 계약의 개념을 접하
게 된다. 정기적으로 용돈을 받는 날과 금액, 가불과 인상 등에
대해 미리 확정한다. 내용의 변동이 생길 경우 아이와 협상을
한다.

또한 아이가 적정 나이가 되었을 때, 성인식(남자아이는 13세 때 '바 미츠바', 여자아이는 12세 때 '바트 미츠바')을 하게 된다. 이때 가족과 친척들은 아이에게 축의금을 주고 아이는 이 돈을 예금, 주식, 채권 등의 금융 상품에 투자하고 지속적으로 관리한다. 성급한 일반화의 오류가 될 수 있어 조심스럽지만, 유대인의 교육에 대해 공부하다 보면 참 배울 부분이 많다. 맹신할 필요는 없지만 좋은 부분은 참고하면 된다.

한국도 어릴 적부터 경제 교육을 받는 사람들이 있지만, 일반적인 경우 수능을 치른 후인, 만 18세부터 스스로 조금씩 알아가게 된다. 나도 부모님이 주시는 용돈을 받고 그 안에서 쓰는 것만 익숙했다. 직장생활을 하면서 주변의 투자 이야기를 들을 법도 한데 일하기에도 시간이 모자랐다. 일잘러라는 소리는 듣고 있지만 경제관념은 바보 같은 상태인 것이다. 모든 것에는 양면성이 있으니 누구를 탓하랴. 월급은 저축만 하며 아끼고 알뜰하게 생활했다. 조금 늦었지만 대학원에 다니면서 처음으로 투자에 관심을 가지고 공부하기 시작했다. 물론 투자가 무조건 정답이라는 의미는 아니다. 투자를 통해 손해를 본 사람도 많다. 하지만 투자를 포함한 경제관념과 경제적 상황에 대해 점검해 보는 것은 의미가 있다. 이 책을 읽는 사람은 나와 같은 후회를 하지 않기를 진심으로 바란다.

먼저 통장을 관리하는 방법이다. 적은 돈을 가지고 있더라도,

최소 3가지 계좌를 가지는 게 좋다. 하나는 비상금을 모으기 위해서고, 다른 하나는 자주 사용하는 생활비를 위한 계좌다. 그리고 마지막 하나는 투자를 하기 위해 모으는 통장이다. 월급을 받으면 일정 금액을 분배하여 계좌에 입금한다. 계좌를 분리해서 사용하면 얼마의 금액이 어떻게 움직이고 쌓이는지 볼 수 있어 좋다.

두 번째는 보험이다. 보험을 드는 것이 좋다 아니다 의견이 분분하지만 현재 상황에 따라 적용하기를 바란다. 수입에 따라 보험의 비율을 정하면 되는데, 기본적으로 가지고 있으면 좋겠다는 생각이 드는 것은 실비보험과 암보험이다. 실비보험은 병원뿐만 아니라 생활의 꽤 다양한 범위에 적용되어 보험금으로 돌려받고 있다. 요즘 암은 나이와 상관없이 발병률이 높기 때문에 여유가 있다면 보험은 가지고 있는 것이 좋다. 두 보험은 나이가 어릴수록 납부 금액이 적은 것으로 알고 있는데, 상세한 사항은 전문가에게 상담받자.

청약통장도 장기 수납 혜택이 있으므로, 미래에 집을 구입하고자 한다면 가입하자. 부모님 세대 때는 경제 발전으로 인해 은행 예금 이자율이 20%에 육박했다. 하지만 우리는 예금으로 인한 혜택을 받기는 어려운 실정이다. 그러니 단순한 예금 말고, 중장기적으로 혜택을 받을 수 있는 금융 상품에 대한 관심을 가져야 한다.

마지막은 투자인데 투자를 부추기는 느낌이 들까 조심스럽다. 하지만 어릴 때부터 투자에 관해 지속적으로 공부하고 관심을 가지는 것은 필요하다. 분산 투자가 좋다는 사람들도 있고, 자기에게 맞는 영역에 전문적으로 투자해야 한다는 사람들도 있다. 주식, 채권, 부동산, 경매 등 다양한 투자 영역에 대해 공부하면서 본인이 흥미를 느끼는 분야에서 시작하자. 또한 일정 투자 금액이 모이기 전까지는 예금을 통해 성실하게 돈을 모으는 것도 필요하다. 대출로 투자를 시작하는 것은 절대 안 되고, 없어도 되는 돈으로 하자. 성실히 살아가는 내 삶이 최우선이 되고, 투자는 그 외 플러스알파가 되어야 한다.

후회는 시간 낭비다. 뒤늦게 투자에 관심을 가졌지만, 이게 나에게 맞는 속도라고 생각하기로 했다. 정신 승리지만 어쩌겠는가. 다만 조금 늦었다는 생각이 집중의 힘을 강하게 만들어 다행이다. 나만의 속도로 찬찬히 나아가면 된다. '욜로^{YOLO, You Only Live Once}'를 외치며 지금의 즐거움에 투자하는 것도 좋지만, 10년, 20년 뒤의 나를 위해 대비하는 것도 필요하다.

현재 본인의 상태가 어떤지 잘 모르겠다고? 그럼 이 질문들을 던져보자. 수입의 몇 %를 지출하고 있는가? 예금, 투자 등 나만의 수입 관리 기준이 있는가? 5년 후, 10년 후를 위한 경제 계획은 무엇인가? 답할 수 없다면 공부하자. 수입이 없다고? 적은 돈이라도 체계를 잡으면 된다. 수입이 생기면 범위를 확대하면 되니까. 알고 뛰어드는 것이 더 유리할 수 있다. 미루지 말고 지금 공부하자.

나만의 색깔을 가져라

: 패션과 외모

　　길거리 교복 입은 학생들을 보면 그 자체로 빛이
난다. "참 이쁘다. 좋은 시절이구나" 하시던 어른들의 말씀이 요
즘 이해가 된다. 지금 생각하면 여리고 부드러운 피부에 왜 그리
도 화장이 하고 싶었는지 모르겠다. 눈이 크고, 코가 높고, 날씬
하고 좋은 피부를 가져야만 예쁘다고 생각했던 시절이 있었다.
어느 순간 아차 싶었다. 내가 참 불쌍하다고 생각했다. 나조차
있는 그대로의 나를 인정하고 좋아해주지 않으면 그만큼 슬픈
일이 또 있을까. 하나씩 뜯어보니 나도 예쁜 구석이 많았다. 눈
에 거슬렸던 아랫배가 몽글몽글 귀여워 보일 때도 있다.

　　사회생활을 하면 할수록 패션과 외모 관리를 통해 어느 정도
자기만의 색깔을 가질 필요가 있다는 생각이 든다. 사람들은 첫

인상에 많은 부분을 판단하기도 한다. 그렇다고 피부 관리와 옷, 화장품에 지나치게 돈을 쓰라는 것은 아니다. 본인의 기준을 만들어 TPO(Time·Place·Occasion, 시간·장소·상황)에 맞는 옷을 입고 청결과 정갈함을 유지하라는 뜻이다.

매일 아침 체중계에 오른다. 몸이 가볍고 기분 좋은 건강한 몸무게 범위가 있다. 그 선을 유지하기 위해서다. 그 범위에서 몸무게가 빠지면 무게를 늘린다. 어지러움이 느껴지기 때문이다. 그 범위를 넘으면 당연히 밖에 나가서 뛰고 저녁은 샐러드로 바꾼다. 적정 몸무게 범위가 넘어가면 바지가 잠기지 않는 것으로 바로 시그널이 온다. 요즘은 건강하게 근력을 기른 탄력 있는 몸에 관심 있다. 꾸준한 운동만이 답이라는 것을 알고 노력 중이다.

연예인을 보면 투자할수록 피부가 좋아진다는 말에 일리가 있는 것 같다. 하지만 피부 관리까지 할 만큼 부지런하지 못하다. 대신 자외선 차단제는 외출이 없는 주말까지 매일 꼭 바른다. 초등학생 때부터 습관이다. 집에서 간단하게 할 수 있는 일회용 마스크팩도 한다. 최대한 자주 하려 노력하지만 쉽지 않다. 하지만 몸 마사지는 꼭 한다. 전문가의 도움을 받기도 하고, 폼롤러나 부분 마사지 기계를 이용해 매일 실천한다.

일주일에 한 번은 꼭 손톱을 정리한다. 손톱이 깨끗하지 않으면 모든 것이 찝찝하다. 부끄럽고 자신감이 떨어진다. 가끔 네일아트로 손톱을 예쁘게 꾸미기도 하지만 대부분은 짤막한 상태다.

마지막은 집 청소다. 외모 관리에 집 청소가 왜 포함되는지 의문일 수 있지만 내가 머무는 곳이 깨끗해야 진짜라는 생각이 든다. 눈뜨면 이부자리를 정리하고 출근 전 청소기를 돌린다. 꼼꼼히 하지 않아도 머리카락이나 큰 먼지들은 정리할 수 있다. 퇴근하여 기분이 좋았으면 한다. 저녁에도 간단하게 청소기를 돌린다. 자고 일어난 하루의 시작이 산뜻했으면 하기 때문이다.

패션에는 적극적으로 관심 있는 편은 아니다. 일 때문에 의식적으로 공부하지만 눈에 잘 들어오지는 않는다. 그렇다고 내 기준이 없지는 않다. 유행을 타지 않고 깔끔하고 정갈한 옷이 좋다. 편안한 것은 좋지만, 격식이 전혀 없는 편안함은 싫다. 가장 중요한 것은 내 몸에 닿는 옷의 재질이 좋은지 확인하는 일이다. 그날의 기분에 따라 향수를 선택한다. 과하지 않게 잔향이 오래가는 것을 좋아한다.

나이가 들수록 사람에게 느껴지는 분위기가 있다. '아우라'라고 하면 이해가 쉽겠다. 비싸고 값진 것들을 걸쳐도 값어치가 보이지 않는 사람이 있는 반면에, 전체적인 조화와 에너지가 좋은 사람이 있다. 좋은 에너지를 패션으로 승화하는 사람이 되고 싶다. 좋은 에너지는 인위적인 것이 아닌 자연스러움에서 묻어 나온다고 생각한다. 패션과 외모도 일정 부분 영향이 있겠지만 결정적 가치로 판단되는 요소는 평소의 태도가 쌓여 나타난다고 믿는다.

예를 들어 시간 약속에 서두르지 않는 것, 지키지 못할 구두 약속을 하지 않는 것 등이다. 자세와 일상 태도도 일정 부분 영향을 미친다. 노승현의 에세이 《지금에서야 알 수 있는 것들》을 읽다가 공감되어 메모해둔 글귀가 있다. 요약하자면 '성격은 얼굴에 나타나고, 생활은 체형에 나타나며, 마음의 힘은 목소리에 나온다. 배려는 먹는 방법에 나타나고, 차분하지 못함은 다리에 표현되고, 인간성은 약자에 대한 태도에서 나타난다'는 내용의 글귀였다.

이런 것들이 쌓여 나의 아우라를 결정할 것이며, 세월에 따라 켜켜이 생기는 주름의 모양은 나만의 패션이 될 것이다. 거창하지 않지만 내가 가진 본연의 아름다움을 생각해보고 키우기 위해 노력한다. 나만의 분위기가 만들어지면 좋겠다. 누군가를 따라하는 것에 급급하지 말고 각자의 색깔을 찾기를 바란다. 모두가 본인에게 가장 어울리는 자연스러운 색을 지니고 태어났고, 그것이 가장 아름다운 색임을 잊지 않기를.

ACTION POINT!

지금의 나는 어떤 모습인가? 나처럼 평범한 일상을 살아가는 사람들이라면 한 번쯤은 내가 가진 고유의 아름다움이 무엇인지 생각해보자. 그리고 나의 가치관을 대입하여 기준을 정하자. 내가 부담스럽지 않게 실천할 수 있는 것들을 먼저 해보자!

나를 더욱 성숙하게 만드는 일

: 연애와 사랑

친한 모 회사 대표님이 놀라며 말한 적 있다. 대학생인 조카를 만났는데, 쓸데없는 연애는 시간 낭비라고 했단다. 연애를 하지 않는 이유는 연애 말고도 할 일이 많은데 감정적으로 휩쓸리는 것이 싫기 때문이란다. 주변 친구들도 비슷하게 생각한다고 말했다고 한다. 듣는 나도 충격이었다. 얼마 지나지 않아 사촌 언니의 딸인 조카도 내게 같은 얘기를 했다. 공부를 잘해 좋은 대학을 갔지만 연애는 시간 낭비란다. 전문직 시험이 마무리되면 비슷한 사람과 만나 결혼할 거라며 계획을 줄줄 읊었다. 조카의 친구들도 모두 이렇게 생각한다고 강조했다.

참 안타까웠다. 대학 시절의 연애가 얼마나 재미있는지 모르다니. 그리고 그 경험들을 통해 내가 모르던 나를 발견하는 것이 얼마나 감사하고 신기한지 모르게 되다니. 훗날 결혼을 생각하는 시기가 되면 지난 연애들을 통해 나에게 맞는 상대가 누구인지 현명하게 판단하는 잣대가 될 수도 있는데 조카에게 설명해도 듣지 않았다. 현실에 대한 부담감과 고민의 형태가 우리와는 또 다르다는 것을 알았다. 이성적으로 판단하고 계획적으로 연애하는 것이 현명하다고 말하기에 아무런 대답을 못 했다. 어쩌면 조카 세대의 말이 정답일지도 모른다. 연인과의 만남은 행복하지만 이별은 아프고 힘들다. 그럼에도 불구하고, 지금만큼은 사랑 예찬론자가 되어 보고자 한다. 조금이라도 연애가 좋은 경험이라 인식되길 바라면서.

　자기와 맞는 사람을 만나기 위해서는 되도록 많은 사람을 만나봐야 한다. 한 유명 프로그램에 출현한 대학교수는 최소 30명은 만나보고 배우자를 선택하라고 말했다. 만나봐야 안다는 것이다. 지금 20대라면 만나보면서 내가 어떤 것을 중요하게 생각하는지 하나씩 알게 되어도 괜찮다. 하지만 30대라면 연애를 시작하기 전에 내가 어떤 사람을 원하는지 구체적으로 고민해봤으면 좋겠다. 어떤 사람은 나와 대화가 통하는 것이 중요할 수 있고, 어떤 사람은 무조건 멋진 외모만 있으면 된다고 생각할 수도 있다. 또 어떤 사람은 경제적으로 유능한 사람에게 매력을 느낄 수도 있고, 그것보다는 사회적 인지도나 지위에 매력을 느끼는 사람이 있다. 어떤 것도 정답은 없다. 여러 조건을 쭉 써보고 우선순위를 선정해보면 내가 원하는 이성상이 보이게 된다. 정리한 리스트에 딱 맞는 사람이 갑자기 나타나면 좋겠지만 어려운 일이다. 원하는 조건이 상대의 겉모습에서 드러나지 않을 수도 있으므로 만나봐야 안다. 우선순위가 있으면 판단 기준이 있기에 시작도 신중해지고 판단은 조금 더 빨라져 좋다.

나의 첫 연애는 대학 시절이었다. 이후 딱 한 번을 제외하곤 중간의 긴 공백 없이 인연들이 자연스레 생겼다. 짧게는 1년 길게는 4년이 넘었다. 많지도 적지도 않게 적당히 만난 것 같다. 일에 파묻혀 두세 시간밖에 잠잘 시간이 없을 때도 연애는 했다. 연인에게만 보이는 또 다른 내 모습에 신기해하며 나를 알게 되었다.

첫사랑에 대한 정의는 여럿이다. 나에게는 한없이 많은 사랑을 주고받으며 함께 행복해했던 만남이 첫사랑인 것 같다. 2년 정도 만나고 헤어졌지만 처음으로 평생을 함께해도 괜찮겠다고 고민하며 얘기를 나눈 사람이었다. 헤어지고 몇 년 동안 누구도 만날 수 없었는데, 조금 전 위에서 말한 딱 한 번의 긴 공백이 이때다.

그 사람은 꾸미지 않은 내 모습이 가장 이쁘다면서 자기만 볼 수 있는 특별함이라고 말했다. 늘 사랑스러운 눈빛으로 나를 바라봤고, '저런 눈빛을 바로 꿀 떨어진다'고 표현하는구나를 알게 해주었다. 나보다 훨씬 바쁜 일상을 보내는 사람이었지만, 시간을 쪼개어 함께할 시간을 만들었다. 어떤 날은 점심과 저녁 두 번을 만나기도 했다. 가끔 주말에 산책을 했는데 같은 산책로라도 매번 새롭고 편했다. 계절이 변하는 것을 함께 볼 수 있음에 감사했다. 춤을 추고 싶으면 춤을 추고, 노래를 부르고 싶으면 노래를 불렀다. 바다를 좋아하는 우리는 데이트를 하다가 즉흥적으로 바다 여행을 떠나기도 했다. 여벌 옷 대신 편의점 슬리퍼를 신고 서로에게 입힐 옷을 골라주었다. 발렌타인데이에는 동네 슈퍼를 뒤져 검정 봉지에 담아온 보석 반지 사탕을 가지고 놀며 하루 종일 웃었다. 그 친구는 세상에 하나뿐인 디자인으로 반지를 만들어 주었고, 그걸 볼 때마다 행복했다.

온전히 서로가 가진 그대로의 모습으로 사랑하고 사랑받았다. 귀한 마음이었고 한 인간으로서 그 친구를 존경했다. 비록 헤어졌지만 여러 해가 지나도 참 좋은 사람으로 기억된다. 덕분에 인연이 되는 일이 얼마나 어렵고 소중한지 배웠다. 다음 사람과의 만남이 더욱 신중해졌고 상대를 있는 그대로 바라보게 되었다. 연애를 통해 이해의 폭이 넓어지고 성숙해졌다. 아름다운 이별은 없다지만 그 친구가 행복하길 바란다.

이리저리 치이고 뭐 하나 쉽지 않은 현실 속에서, 나라는 사람 자체를 꿀이 뚝뚝 떨어지는 눈빛으로 예쁘다고 바라보는 연인의 모습을 모두 경험해봤으면 좋겠다. 지친 일주일 끝에, 짧은 시간을 만나더라도 고생했다고 응원해주는 내 편을 느껴보면 좋겠다. 어린아이가 되어 즐겁게 흥얼거리며 걷는 나를 발견해 보기를 바란다. 바쁜 일상에서도 날 배려해주는 상대를 보며 감 사함을 느끼는 기적 같은 행운을 모두들 경험해봤으면 좋겠다. 아침저녁 짧은 인사에도 웃음 짓게 되는 소소한 행복을 꼭 경험 하기를 바란다. 연애한다고 지금의 삶이 무너지지 않는다. 겪어 보고 나서 왜 이제서야 말했냐고 하지 말기를.

ACTION POINT!

용기 있는 자가 미인을 얻는다고 했다. 비단 남자에게만 해당하는 말이 아니다. 마음에 든다면 직진하자. 싫다고 하면 어떻게 하냐고? 어쩔 수 없지! 내가 좋다고 표현한 것처럼 싫다고 말하는 것도 상대의 마음이니까. 그럴 수 있겠네 하고 넘기자. 서로 사랑에 빠지는 확률은 낮고도 낮다. 쉬웠으면 인연을 귀하다고 했겠는가. 만나기 어려워야 더 소중하고 감사히 여기게 된다. 그렇게 내 인연을 찾았다면 처음의 마음을 오랫동안 잊지 말고 서로를 귀하게 여기자.

삶에 관한 지혜가 담긴

: 옛말들

업무에서도 일상에서도 해결책을 찾는 것이 습관이 되었다. 사회생활을 하다 보니 그 의미를 깨닫게 된 옛말들이 있다. 지금은 문제가 생기면 옛말을 통해 어느 정도 상황에 맞게 미리 대비할 수 있다. 그랬더니 처음보다 상황에 대한 예측이 가능해지고, 예측할 수 있으니 감정의 동요가 줄었다. 각자의 삶이 다르므로 옛말을 동일하게 적용할 수는 없지만 참고가 되었으면 한다.

첫 번째는 유유상종類類相從이다. 사전적 의미는 이렇다. '사물은 같은 무리끼리 따르고, 같은 사람은 서로 찾아 모인다'(출처: 네이버 한자사전). 사람을 만나보면 소위 끌리는 사람이 있다. 나와 공통점이 있어 관심을 주게 되고 그것이 지속적으로 이어지면 관계가 형성된다. 그렇기 때문에 비슷한 사람끼리 무리를 이룰 수밖에 없다. 정반대인 매력에 끌렸다고 하더라도 자세히 들여다보면 중요하게 여기는 바탕을 이루는 가치는 비슷함을 발견한다.

지금까지 만나온 이성들을 돌이켜보면 성격은 반대였어도 나와 비슷한 가치관을 가지고 있었다. 개인의 삶과 일, 인간관계에 대한 기본적인 방향성이 같았다. 친구들도 마찬가지다. 정도의 차이지만 비슷하다. 그렇기에 내 삶이 유독 특별하거나 특이하게 여겨지지 않는다. 점점 새로운 관계가 줄어들기도 하고, 굳이 만들려고도 하지 않지만 최근 몇 년 사이에 새롭게 만들어진 관계는 학교를 통해서다. 졸업 후 5년 가까이 지나고 보니 시간을 내어 만나는 사람들은 눈에 띄게 비슷하다. 어른이 되고 어느 정도 사회생활을 한 후라 그런지 좀 더 특징이 뚜렷한 것 같다. 지금 내 주변엔 어떤 사람들이 있는지 생각해보면 내가 어떤 사람인지도 어느 정도 객관적으로 보일 것이다.

두 번째는 근묵자흑近墨者黑이다. '검은 먹을 가까이하면 검어진다'는 뜻의 한자성어로 유유상종과 비슷한 맥락이 있지만 여기서는 '노출되는 환경의 중요성'에 대해 좀 더 집중하고 싶다. TV 프로그램 〈유퀴즈〉에서 개그맨 유재석의 데뷔 30주년 특집 방송을 했는데 유재석은 본인에게 메뚜기 탈을 씌우고 잘할 수 있다는 말과 기회를 준 PD 한 사람에 의해 지금의 자신이 있다며, 그 PD처럼 본인도 다른 사람에게 도움을 주고자 노력한다고 말했다. "PD를 잘 만났네. 나는 그런 복이 없어"라고 말하지 말자.

무명 시절 유재석은 절박한 마음으로 작은 역할도 마다하지 않고 몸을 움직여 촬영 현장에 나갔다. 또한 메뚜기 탈을 쓰라는 조언도 받아들여 행동으로 옮겼다. 어떤 상황이든 본인을 드러내고 나와 맞는 사람들을 만나고, 그 관계에서 긍정적으로 최선을 다하는 것이 중요하다.

나 또한 지금까지 가능한 많은 순간에 배울 점이 있는 사람들을 만나려고 노력해왔다. 배울 점은 꼭 업무나 금전적 이득이 되는 무언가를 의미하는 것이 아니다. 인성과 태도 등 내적 성숙함이 나에겐 더 중요하다. 그러려면 다양한 건설적 상황에 자신을 노출할 필요가 있다. 지금 본인의 모습이 마음에 들지 않는가? 그렇다면 먼저 의식적으로 지금보다 나은 환경에 스스로를 노출하자. 지금보다 나은 환경에서 만나는 사람들을 경험하며 저절로 노력하고 공부하게 될 것이다. 노출하는 환경에 따라 새로운 사람이 다가오게 되고, 그 사람들에 의해 내 인생이 달라지기도 한다. 그러니 머무르는 환경을 대수롭게 여기지 말자. 여전히 나 또한 지속적으로 노력 중이다.

마지막은 '말이 씨가 된다'는 말이다. 말의 힘과 중요성을 언급하고 싶다. "믿음은 생각이 된다. 생각은 말이 된다. 말은 행동이 된다. 행동은 습관이 된다. 습관은 가치가 된다. 가치는 운명이 된다." 마하트마 간디가 한 말이다. 생각하는 대로 운명이 만들어진다는 뜻이지만, 개인적으로는 이 과정 중에 말이 가장 중요한 것 같다. 믿음과 생각은 말로 표현해야 군건하게 다질 수 있고, 지속적인 말을 반복하면 무의식적인 행동으로 연결되어 습관이 바뀔 수 있기 때문이다. 그래서 평소에 늘 긍정적이고 좋은 말들을 해야 한다.

또 다른 측면에서 관계를 좋게 만드는 것도, 망치는 것도 말에서 나오는 경우가 많다. '말 한마디로 천 냥 빚을 갚는다'를 포함하여 말에 관한 수많은 옛말이 존재한다. 서점에 가보면 말과 소통에 관한 책이 굉장히 많다. 그만큼 예나 지금이나 말로 표현하는 것이 중요하고 어렵다는 의미일 것이다. 말 한마디가 내 의지와 다르게 와전되어 눈덩이처럼 부풀려져 관계가 틀어지는 원인이 될 수도 있다. 부작용을 생각하여 입을 닫는 것은 더 위험하다. 나도 오류를 줄이기 위해 매일 신경 쓰지만 아직도 어렵다. 성격이 급해 나도 모르게 잊게 되는 경우가 있지만 최대한 경청하고자 노력한다. 앞으로도 계속 노력해야 할 부분이다.

ACTION POINT!

본인의 가치관과 맞는 지혜의 언어를 찾자. 옛말이 아니어도 된다. 한국어가 아니어도 상관없다. 일상에서 자주 보이는 곳에 붙여두거나 저장해놓고 자주 보자. 무의식에 안착될 때까지. 삶의 길을 잃거나 힘들다고 느낄 때, 해결책을 찾고 싶은데 모를 때 등 힌트가 되거나 실수를 막아줄 수 있다.

해답은 없지만 행복은 있다

책은 나에게 스승이자 친구다. 사춘기의 호기심도, 수험생의 막막함도, 독립의 두려움도 책에서 해결책을 찾았다. 뻔한 자기계발서라고 할지라도 남들의 삶을 통해 마음을 다잡고 평온을 찾기도 했다. 흐트러진다는 느낌이 들 때면 서점에 오랜 시간 머물며 마음을 다잡고 돌아오곤 한다. 스트레스를 푸는 나만의 방법이자 느슨해진 마음을 타이트하게 채찍질하는 도구다. 책을 읽을수록 무식함을 깨닫고 좌절도 한다. 아이러니하게도 독서가 나에게 행복이자 고통인 셈이다.

나이가 들수록 세상은 불공평투성이고 살아내기가 만만치 않다는 걸 느낀다. 주변 사람이나 상황에 따라 이겨내기 힘든 무수한 일들이 발생하고 빈도수는 점점 많아진다. 가끔씩 가슴이 답답하고 숨이 턱 막힐 때도 있다. 책에서 만나는 성공한 사람과는 너무도 다른 상황이 와닿지 않을 때도 있다.

작은 것부터 하나씩 어떻게 실천해야 하루가 바뀌고, 한 달이 변하고 일 년이 완성되는지, 정답이 없는 삶을 어떻게 살아가야 하는지 누군가 알려주면 좋겠다 싶었다. 내가 쓴 책을 통해 인생의 막막함을 느끼는 모든 사람이 조금이나마 힌트를 얻을 수 있길 바란다. 내 삶이 어떤 누구보다 잘나고 멋지다고 생각하지 않는다. 그냥 혼자 아등바등 힘들게 보낸 시간들이 내게 남긴 지금의 행복이, 우여곡절 없이 다른 사람에게 빠르게 닿길 바라는 마음뿐이다.

나에게도 삶은 매번 절망적이었다. 산을 넘으면 또 다른 산을 넘어야 했다. 하루하루 실패하기도 성공하기도 하면서 살아가고 있고 앞으로도 그럴 것이다. 캄캄한 동굴 속을 지난 것 같으면 또 다른 동굴이 기다리고 있었다. 하지만 달라진 점은 앞으로 어떤 상황이 다가와도 지나갈 일이란 것을 이미 알고 있다는 것. 그리고 충분히 이겨낼 만큼 단단해졌다는 것. 그래서 주어진 시간을 어리석게 보내는 것이 아니라, 있는 힘껏 행복하게 웃으면서 보내야 한다는 것을 안다. 이제는 새로운 동굴이 전혀 무섭지 않다. 끝내는 잘 이겨낼 것이라고 믿고 있다.

어떻게 살아가야 잘 사는 것인지 묻는 당신에게, 나도 잘 살고 있는건지 모르겠지만, 고민 속에서 먼저 나아간 그 길을 당신은 수월하게 지나가길 진심으로 바라면서 이 글을 마무리한다. 금수저가 아니라고 막막해하지 말고, 지금까지의 너의 노력을 과소평가하지 말고, 모두에게 똑같이 주어진 24시간을 나도 행복하게 채울 수 있다고 믿고 행동해보길 바란다. 힘든 삶 속에서 지금도 충분히 잘하고 있으니 앞으로는 더 잘할 수 있다고 말해주고 싶다. 내 이야기가 명확한 해답이 되지는 못하더라도, 당신 자신에 맞는 스스로의 행복을 찾는 시발점이 되길 바란다.

막막했던 20대와 30대를 지나며 내 글이 누군가에게 길라잡이가 되길 바라며 글을 썼는데, 쓰는 동안 가진 것이 참 많은 사람이라는 생각에 감사한 마음이 든다. 여러분도 기왕 주어진 상황이라면 긍정적인 상황에 집중해보자. 웃을 일이 많아질 것이라 확신한다.

아침에 눈을 뜨면 '평온을 비는 기도Serenity Prayer'를 몇 번이고 한다. 바꿀 수 없는 것은 평온한 마음으로 받아들이고, 바꿀 수 있는 것은 최선을 다해 노력하며, 이 둘을 구분할 수 있는 현명함이 있었으면 하고 말이다. 나도 신이 아니기 때문에 끝내 죽을 때까지 이 기도가 완벽히 이뤄지진 않을 것이다. 그럼에도 불구하고, 나는 오늘 하루도 기도로 시작한다. 잊지 말자. 오늘 나의 행복은 내가 선택할 수 있다. 지금, 오늘, 이 순간부터, 행복하지 않을 이유가 없다.

감사의 말

책을 내려고 마음먹고 원고를 쓰기 시작해 1차 탈
고를 한 것은 꽤 오래 전이었다. 지금 회사에 다니기 시작하면서
개인 시간을 내기 어려웠다. 며칠이면 마무리할 수 있었는데 1년
이 넘도록 시간이 나지 않았다. 잠깐의 시간들이 생겨도 글을 쓸
에너지가 없었다는 말이 맞겠다. 답답한 마음에 이렇게 사는 것
이 맞나 하는 생각까지 꼬리를 물 때쯤 김영사를 만났다. 든든한
지원군 심성미 팀장님과 황정원 대리님을 만나 응원을 받으며
책상 의자에 앉을 수 있었다. 안 보이는 곳에서 여러 담당자분들
이 고생하셨을 것이다. 도움 주신 덕분이다. 진심으로 감사한 마
음을 전한다.

사는 동네가 같아 종종 퇴근길을 동행하는 팀원이 있다. 착하

고 책임감 있는 그 친구를 참 좋아하는데 1년 내내 같은 이야기를 한다. 불과 며칠 전에도 "제가 매번 잔소리 같은데 제발 스스로를 일에 갈아 넣지 마세요. 그렇게 하시다가 정말 큰일 나요. 부모님에겐 부문장님이 얼마나 귀한 딸인데요." 그럼 나는 같은 대답을 한다. "할 수 있는데 일부러 안 하는 건 쪽팔리잖아. 쪽팔리기 싫어." 그 친구도 매번 같은 대답을 한다. "아무도 모른다고요. 부문장님이 지금의 반만 일해도 일반 사람이 평소에 하는 만큼이에요." 마지막 말도 똑같다. "내가 알잖아. 나는 내가 아는 게 중요해." 이 대화는 바뀌는 내용도 없이 늘 이런 식이다. 나를 위하는 마음과 더 도와주지 못해 미안한 마음까지 전부 느껴진다. 참 고맙다. 그리고 나는 이 말을 들을 때마다 한 번 더 생각하게 된다. 내 건강과 일상의 균형을. 요즘 나의 일상은 무너진 것이 맞기에, 조금 더 균형을 잘 맞춰가는 것이 숙제다.

책을 쓰면서 곰곰이 생각했다. 내가 열심히 일하는 원동력은 무엇일까. 되돌아보니 비단 일에서뿐만 아니라 주어진 일상에서도 후회가 남지 않게 최선을 다하고 있었다. 이렇게 나를 움직이게 하는 원동력은 결핍 때문이라는 생각을 한다. 이곳에 쓴 것들을 읽으면 내가 특별한 사람처럼 보일지도 모르겠다. 하지만 진실은 결핍투성이의 지극히 부족한 한 사람일 뿐이다. 모르는 게 많아 책을 읽게 되었고, 넘치게 호화로운 환경이 아니었기에 도전하고 결과를 만들어내야 했다.

결핍을 통해 느끼고 배운 것을 행동으로 실천하게 해준 많은 사람이 있었다는 점은 천운이다. 정직하고 성실한 모습은 부모님의 삶에서 배웠다. 어린 시절 부모님에게서 책임감을 배웠다. 어른이 되어 독립한 후엔 무조건 믿어주고 응원해주는 오랜 친구들이 날 지켜주었다. 진희, 현팔, 백가, 똥꼬, 애랑, 혜나 고맙다. 어떤 모습이라도 언제든 뛰어갈 수 있는 친구들이다. 사회에서 만난 인연들도 세월이 흘러 관계가 깊어지면서 내 편이 되어주었다. 홍래, 정화, 유리, 현주, 연실언니, 은혜언니, 송이, 가을, 여진. 오랫동안 함께하면 좋겠다.

업무로 도움을 주고받으며 동지가 된 감사한 사람도 많다. 언젠가 책을 써야겠다 마음먹게 해준 영준. 첫 직장에서부터 지금까지 한결같이 따뜻하게 대해주는 원희 선배님과 영훈 선배님. 함께 어벤져스팀이 되어 주신 홍광암 이사님과 정명 님. 앞으로가 더 기대되는 사라와 꽃송이. 그리고 지금 많은 도움을 받고 있는 재헌 팀장님, 승재 팀장님, 동익, 하늘, 현주, 지혜, 혜준, 수정, 병훈 프로님, 그리고 혜림. 너무 많아서 더 쓰면 서운할 일이 생길 것 같다. 나의 직장생활에 가장 큰 영향을 준 Sally 대표님과 JIN 대표님께 고마운 마음을 남긴다. "Special thanks to Sally and JIN." 도움을 참 많이 받으며 살고 있다. 부족하지만 더 잘하고 싶다.

앞으로 어떤 일을 하며 살 계획인지 묻는 사람도 많다. 당분간은 회사생활을 하지 않을까 싶다. 때가 되면 나의 비즈니스를 준비할 것이고, 무르익었을 즈음엔 의료와 교육 분야에서 도움이 필요한 아이들과 함께하는 무언가를 할 것이다. 그리고 조금 여유가 생기면 작은 서점을 만들려고 한다. 나와 함께한 사람들의 사랑방 같은 공간을 만들어 누구나 편하게 다녀갈 수 있도록. 누구든 그들의 경험과 지혜를 나눠갈 수 있는 공간이 되었으면 한다. 구체적인 계획은 비밀이다. 말만이 아닌 행동으로 먼저 이뤄내고 싶다. 살다가 계획이 바뀔 수도 있겠지만 지금은 그렇다.

첫 책을 썼으니 다음에도 계속 쓸 생각인지 다들 궁금해한다. 취업과 이직, 업무별 상세 내용만으로도 한두 권은 더 쓸 수 있을 것 같은데 아직은 생각뿐이다. 무식하여 용감하게 뛰어들었지만 이 책을 쓰며 세상의 모든 작가님을 존경하게 되었다. 첫째의 출산 고통을 잊고 둘째를 낳는다는 엄마들의 말처럼 조금 시간이 지나면 또 쓰고 싶지 않을까.

마지막으로 가족. 지금의 내가 있을 수 있는 건 가족 덕분이다. 언젠가 스치듯 책을 쓰고 싶다던 아빠의 음성이 들리는 듯하다. 이 책이 잠시나마 웃음을 드릴 수 있다면 좋겠다. 그리고 나의 첫 사랑 Lucy, 아주 많이 사랑한다.